象棋
实战训练
30天
高级

刘锦祺 编著

化学工业出版社
·北京·

图书在版编目（CIP）数据

象棋实战训练30天：高级 / 刘锦祺编著. —北京：化学工业出版社，2020.10（2024.7重印）
ISBN 978-7-122-37472-1

Ⅰ. ①象… Ⅱ. ①刘… Ⅲ. ①中国象棋-基本知识 Ⅳ. ①G891.2

中国版本图书馆CIP数据核字（2020）第140552号

责任编辑：史 懿 杨松淼　　　　　装帧设计：李子姮
责任校对：张雨彤

出版发行：化学工业出版社（北京市东城区青年湖南街13号 邮政编码100011）
印　　装：北京虎彩文化传播有限公司
710mm×1000mm　1/16　印张16½　字数250千字　2024年7月北京第1版第2次印刷

购书咨询：010-64518888　　　　　售后服务：010-64518899
网　　址：http://www.cip.com.cn
凡购买本书，如有缺损质量问题，本社销售中心负责调换。

定　价：58.00元　　　　　　　　　　　　　　版权所有　违者必究

　　《象棋实战训练30天（高级）》，适用的级别是三级棋士到一级棋士水平的棋手。三级棋士平均水平应为区、县级象棋个人赛第7至第16名，或区、县级象棋少儿赛第2至第8名；二级棋士平均水平应为区、县级象棋个人赛前6名，或区、县级象棋少儿赛冠军；一级棋士平均水平应为区、县级以上象棋个人赛前8名。通俗地讲，这部分棋手应具有县级水平或具有市级水平。

　　这些级别棋手在杀法计算的深度和广度上较前一层次的棋手有了很大的提高，但是仍存在不少"盲区"，所以这一部分棋手，仅仅做深度上的杀法练习是远远不够的，必须在计算的广度上做强化训练。他们对残局的例胜、例和定式已经有一定掌握和心得，但是对较难的例胜或例和定式掌握得并不十分熟练，这样将影响他们从中局向残局转化时的"定型"。因此，这些级别的棋手适合进行双子类残局练习；中局阶段应该增强形势判断和战术训练，特别是典型局面的分析练习尤其重要；布局阶段应该着重加强深度的训练。

　　针对上述情况，本书练习共分杀法、残局、中局、布局、记忆力五部分。其中杀法部分所有杀法均为缓杀，以增加计算广度训练。残局部分为双子类残局训练。中局部分所选均为较典型的局面，每题下面设一个问题，起到提示作用，读者可以以此为方向进行思考。布局部分基本延伸到12回合以上，并且延用中级的关键着法填空的办法，要求读者填写关键着法。记忆力练习在中级的基础上，深化学习，力争在本书学习结束后，棋手可以达到独立复盘的能力。通过深化训练，个别优秀棋手能够达到下闭目棋的水平。

每天训练的总体时间控制在 60 分钟以内，每一部分都有一个参考用时。相信通过这些训练，对爱好者棋艺提高将有所帮助。

本书写作过程中得到荣玉杰、赵冬、王命腾、李晓春、李志刚、周晓朴、霍文会、张志强、张弘、关俊茹、宋玉彬、毕金玲、韩云、王征、刘家相等老师的支持和帮助，在此一并表示感谢。

由于本书编写时间比较仓促，有不足的地方敬请各位读者批评指正，先致谢意。

刘锦祺
2020 年 8 月

第1天训练 …………………… 1	第16天训练 …………………… 91
第2天训练 …………………… 7	第17天训练 …………………… 97
第3天训练 …………………… 13	第18天训练 …………………… 103
第4天训练 …………………… 19	第19天训练 …………………… 109
第5天训练 …………………… 25	第20天训练 …………………… 115
第6天训练 …………………… 31	第21天训练 …………………… 121
第7天训练 …………………… 37	第22天训练 …………………… 127
第8天训练 …………………… 43	第23天训练 …………………… 133
第9天训练 …………………… 49	第24天训练 …………………… 139
第10天训练 …………………… 55	第25天训练 …………………… 145
第11天训练 …………………… 61	第26天训练 …………………… 151
第12天训练 …………………… 67	第27天训练 …………………… 157
第13天训练 …………………… 73	第28天训练 …………………… 163
第14天训练 …………………… 79	第29天训练 …………………… 169
第15天训练 …………………… 85	第30天训练 …………………… 175

参考答案

第1天 ………………………… 181	第16天 ………………………… 220
第2天 ………………………… 184	第17天 ………………………… 223
第3天 ………………………… 187	第18天 ………………………… 225
第4天 ………………………… 190	第19天 ………………………… 228
第5天 ………………………… 192	第20天 ………………………… 230
第6天 ………………………… 195	第21天 ………………………… 233
第7天 ………………………… 198	第22天 ………………………… 235
第8天 ………………………… 200	第23天 ………………………… 238
第9天 ………………………… 203	第24天 ………………………… 241
第10天 ………………………… 205	第25天 ………………………… 243
第11天 ………………………… 208	第26天 ………………………… 246
第12天 ………………………… 210	第27天 ………………………… 248
第13天 ………………………… 213	第28天 ………………………… 251
第14天 ………………………… 215	第29天 ………………………… 253
第15天 ………………………… 218	第30天 ………………………… 255

第1天训练

一、杀法练习

以下各题都是红方先行,请把答案写在下面的横线上。总用时12分钟。

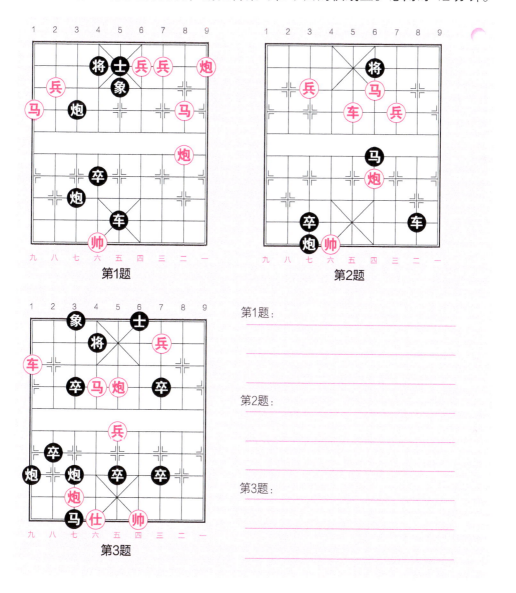

第1题:

第2题:

第3题:

二、残局练习

下面两则残局都是红方先行，请先写出结果，再写出对弈的过程。总用时 10 分钟。

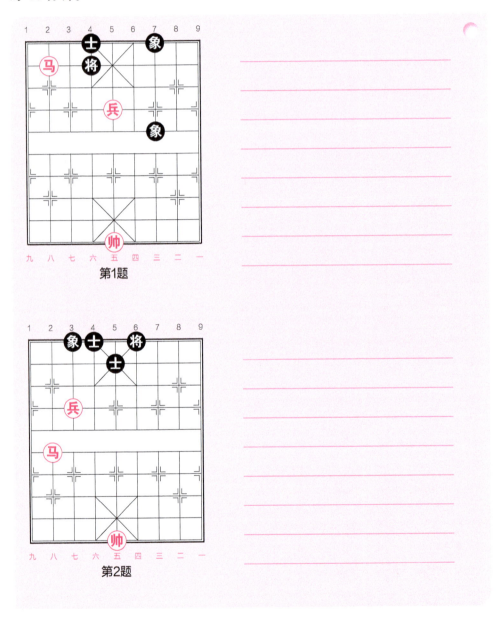

第1题

第2题

三、残局拓展练习

下面两则残局都由红方先行,请写出推演过程及结果。总用时 10 分钟。

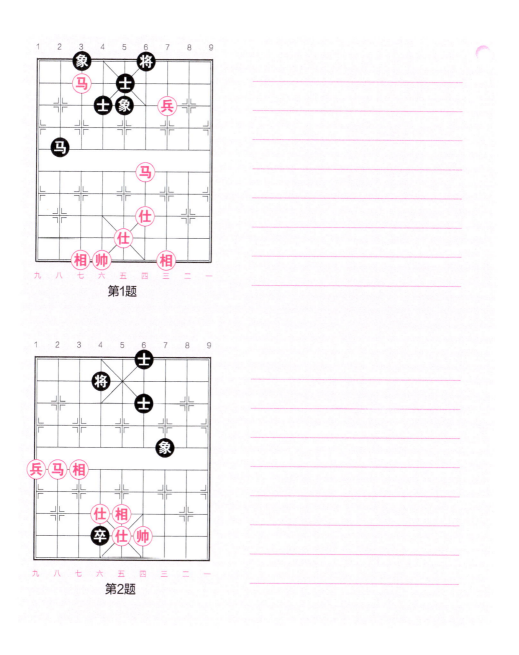

第1题

第2题

四、中局练习

下面两则中局都是红方先行,请根据问题提示,写出对弈的过程。总用时 12 分钟。

第 1 题:红方如何得子占优?

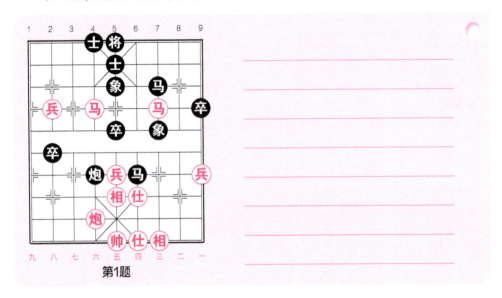

第1题

第 2 题:红方如何利用牵制战术成功谋子?

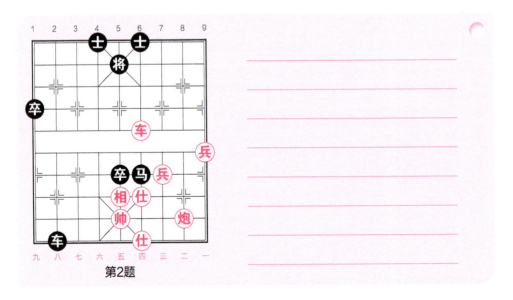

第2题

五、布局练习

下图是五六炮双正马对反宫马布局 12 回合后形成的局面。请根据提示，在空白处写出对应的着法，最终形成如图的局面。用时 12 分钟。

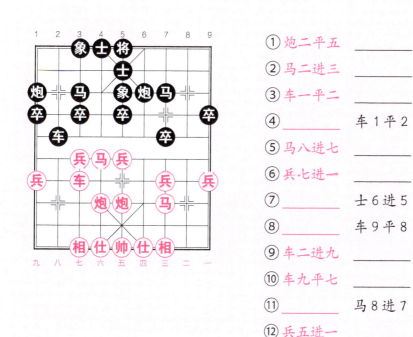

① 炮二平五 _____
② 马二进三 _____
③ 车一平二 _____
④ _____ 车1平2
⑤ 马八进七 _____
⑥ 兵七进一 _____
⑦ _____ 士6进5
⑧ _____ 车9平8
⑨ 车二进九 _____
⑩ 车九平七 _____
⑪ _____ 马8进7
⑫ 兵五进一 _____

六、记忆力练习

请根据提示着法，在下面的空白棋盘中画出最终的结果图。用时 16 分钟。

① 炮二平五　马2进3　　② 马八进九　炮2平1
③ 车九平八　车1平2　　④ 炮八进四　卒3进1
⑤ 马二进三　马8进9　　⑥ 车一平二　车9平8
⑦ 炮八平七　车2进9　　⑧ 马九退八　炮8平7
⑨ 车二进九　马9退8　　⑩ 兵三进一　卒7进1

⑪ 马三进四　卒7进1　　　⑫ 马四进六　象3进5
⑬ 马八进七　炮7进1　　　⑭ 马六进七　炮7平3
⑮ 炮五进四　士4进5　　　⑯ 相七进五　马8进7

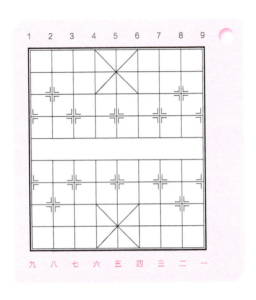

第2天训练

一、杀法练习

以下各题都是红方先行,请把答案写在下面的横线上。总用时 12 分钟。

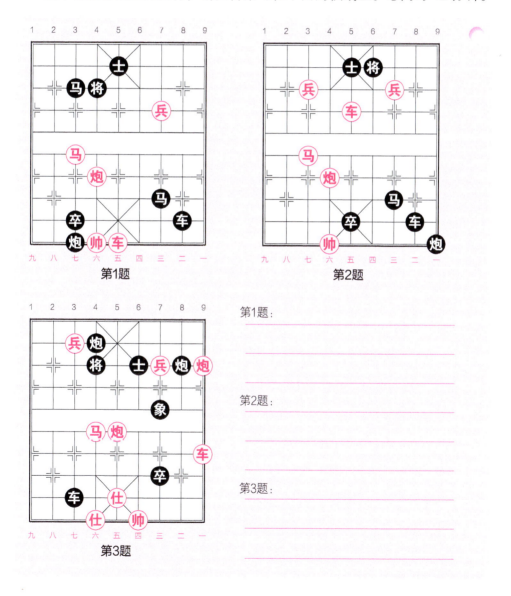

第1题:

第2题:

第3题:

二、残局练习

下面两则残局都是红方先行，请先写出结果，再写出对弈的过程。总用时10分钟。

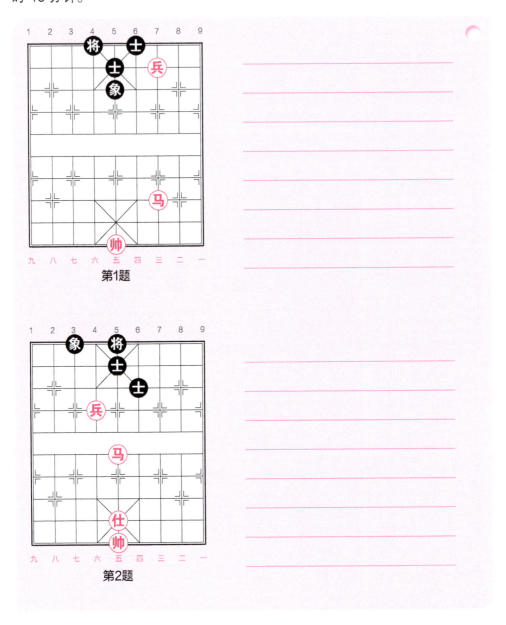

三、残局拓展练习

下面两则残局都由红方先行,请写出推演过程及结果。总用时 10 分钟。

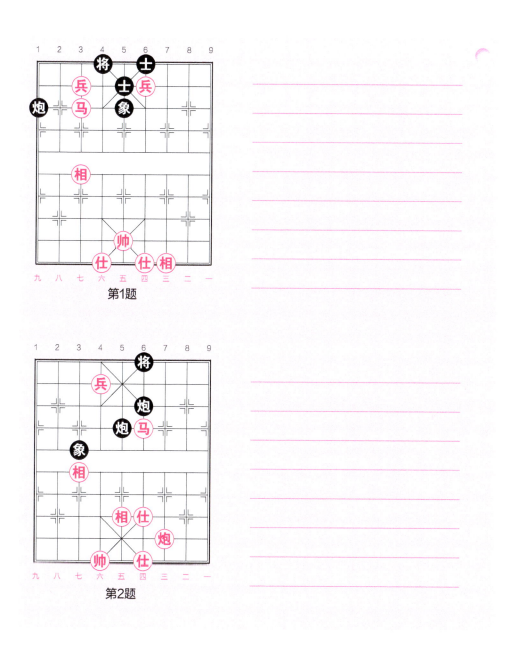

第1题

第2题

四、中局练习

下面两则中局都是红方先行,请根据问题提示,写出对弈的过程。总用时 12 分钟。

第 1 题:八个回合之内,红方可以谋子,怎么实施这个计划呢?

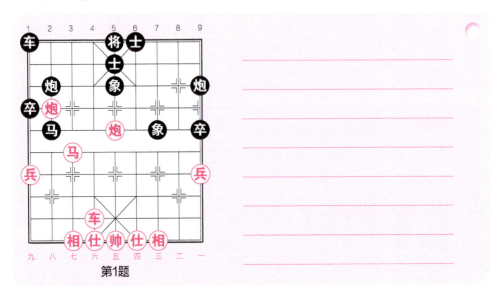

第1题

第 2 题:红方如何利用牵制战术成功谋子?

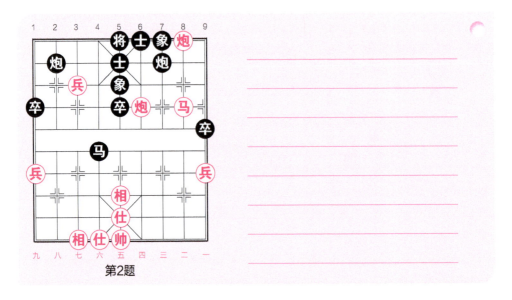

第2题

五、布局练习

下图是五六炮双正马对反宫马布局 12 回合后形成的局面。请根据提示，在空白处写出对应的着法，最终形成如图的局面。用时 12 分钟。

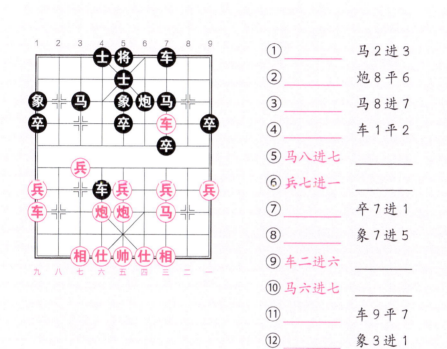

① _____ 马 2 进 3
② _____ 炮 8 平 6
③ _____ 马 8 进 7
④ _____ 车 1 平 2
⑤ 马八进七 _____
⑥ 兵七进一 _____
⑦ _____ 卒 7 进 1
⑧ _____ 象 7 进 5
⑨ 车二进六 _____
⑩ 马六进七 _____
⑪ _____ 车 9 平 7
⑫ _____ 象 3 进 1

六、记忆力练习

请根据提示着法，在下面的空白棋盘中画出最终的结果图。用时 16 分钟。

① 相三进五　炮 2 平 4　　② 兵七进一　马 2 进 1
③ 马八进七　车 1 平 2　　④ 车九平八　炮 8 平 5
⑤ 炮八进四　马 8 进 7　　⑥ 马二进一　马 1 退 3
⑦ 炮八进二　炮 5 退 1　　⑧ 炮八退一　炮 5 进 1
⑨ 炮八进一　炮 5 退 1　　⑩ 炮八退一　炮 5 进 1

⑪ 炮八进一　炮 5 退 1　　⑫ 炮二进六　车 9 平 8
⑬ 车一平二　炮 4 进 5　　⑭ 炮二平七　炮 4 平 9
⑮ 车二进九　马 7 退 8　　⑯ 炮八平五　车 2 进 9
⑰ 马七退八　士 6 进 5

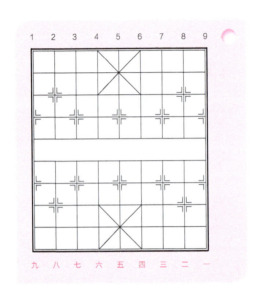

第3天训练

一、杀法练习

以下各题都是红方先行,请把答案写在下面的横线上。总用时 12 分钟。

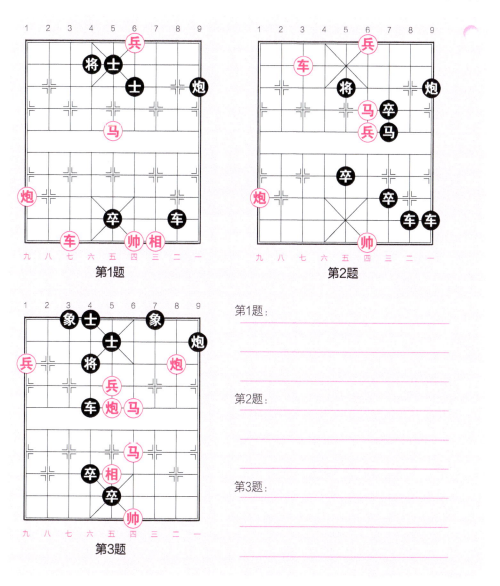

第1题:
_____
_____

第2题:
_____
_____

第3题:
_____
_____

二、残局练习

下面两则残局都是红方先行,请先写出结果,再写出对弈的过程。总用时 10 分钟。

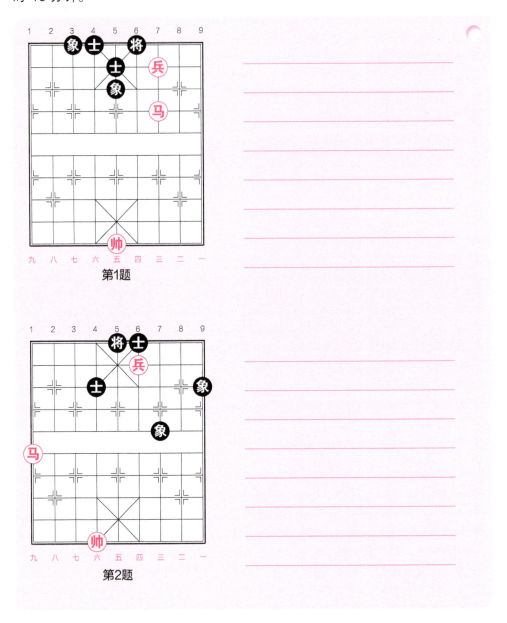

三、残局拓展练习

下面两则残局都由红方先行，请写出推演过程及结果。总用时 10 分钟。

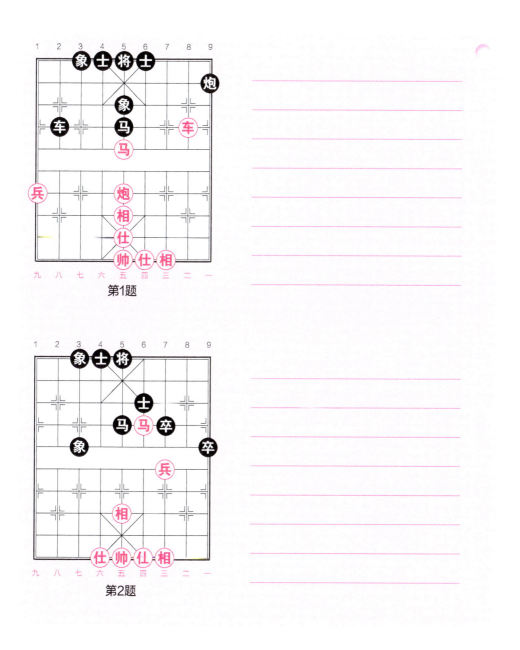

四、中局练习

下面两则中局都是红方先行,请根据问题提示,写出对弈的过程。总用时 12 分钟。

第 1 题:红方如何利用牵制战术谋取优势?

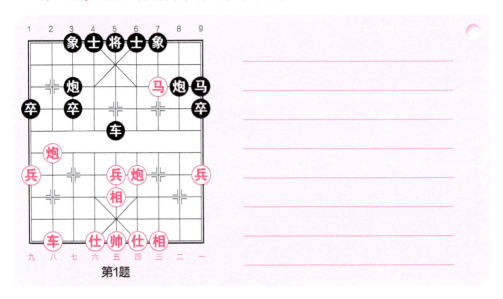

第1题

第 2 题:红方如何利用牵制战术成功谋子?

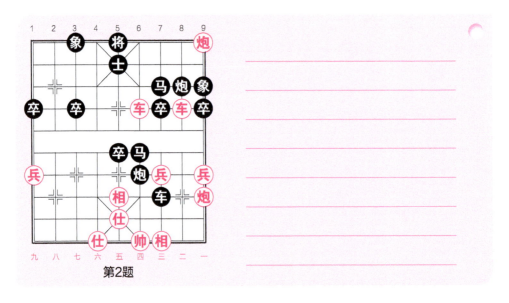

第2题

五、布局练习

下图是五六炮双正马对反宫马布局 12 回合后形成的局面。请根据提示，在空白处写出对应的着法，最终形成如图的局面。用时 12 分钟。

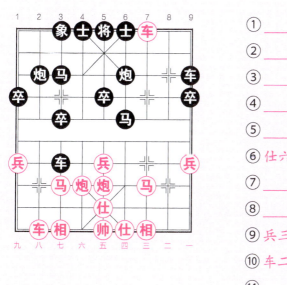

① _____ _____
② _____ _____
③ _____ _____
④ _____ _____
⑤ _____ 车 1 平 4
⑥ 仕六进五 _____
⑦ _____ 车 4 进 5
⑧ _____ 车 9 进 2
⑨ 兵三进一 _____
⑩ 车二平三 _____
⑪ _____ 马 7 进 6
⑫ 车三进五 _____

六、记忆力练习

请根据提示着法，在下面的空白棋盘中画出最终的结果图。用时 16 分钟。

① 相七进五　炮 2 平 6　　② 炮八平六　马 2 进 3
③ 马八进七　车 1 平 2　　④ 兵三进一　马 8 进 9
⑤ 马二进三　卒 3 进 1　　⑥ 车一进一　士 6 进 5
⑦ 车一平四　象 7 进 5　　⑧ 车九平八　车 2 进 9
⑨ 马七退八　卒 9 进 1　　⑩ 车四进四　炮 8 进 2

⑪ 兵一进一　卒 9 进 1　　⑫ 炮二平一　卒 7 进 1
⑬ 车四退一　卒 7 进 1　　⑭ 车四平三　卒 9 平 8
⑮ 车三进三　马 9 退 8　　⑯ 车三平二　炮 8 平 4
⑰ 马三进二　马 8 进 6　　⑱ 车二平三　车 9 平 8

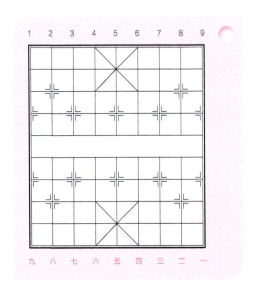

第4天训练

一、杀法练习

以下各题都是红方先行，请把答案写在下面的横线上。总用时12分钟。

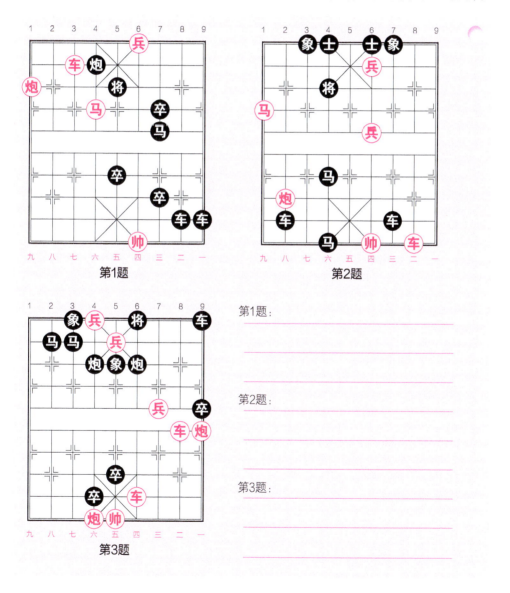

第1题：

第2题：

第3题：

二、残局练习

下面两则残局都是红方先行,请先写出结果,再写出对弈的过程。总用时 10 分钟。

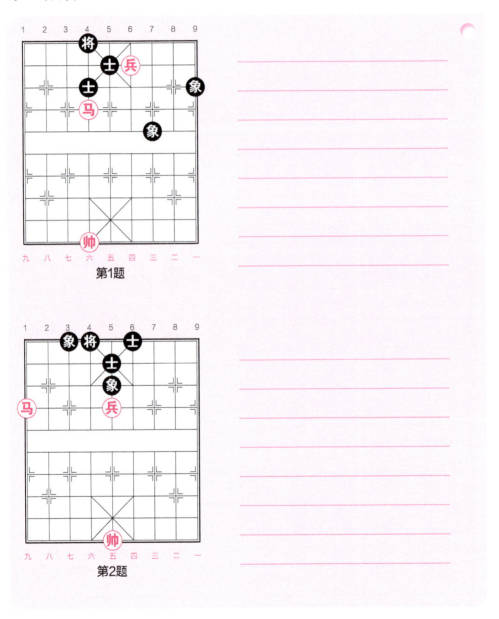

第1题

第2题

三、残局拓展练习

下面两则残局都由红方先行,请写出推演过程及结果。总用时 10 分钟。

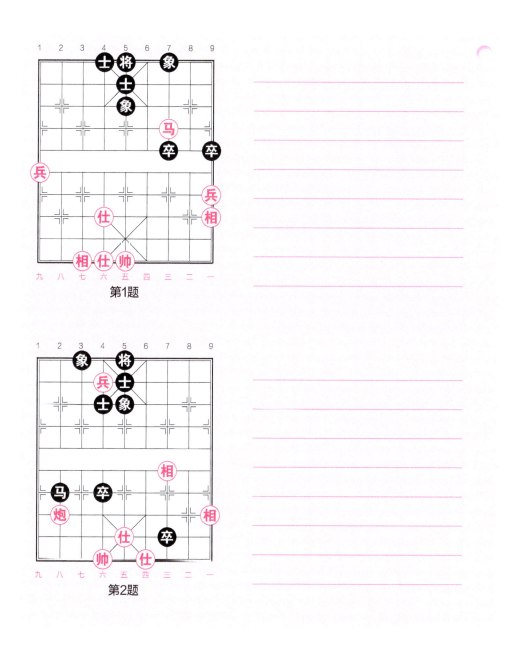

第1题

第2题

四、中局练习

下面两则中局都是红方先行,请根据问题提示,写出对弈的过程。总用时 12 分钟。

第 1 题: 红方如何利用牵制战术扩大优势?

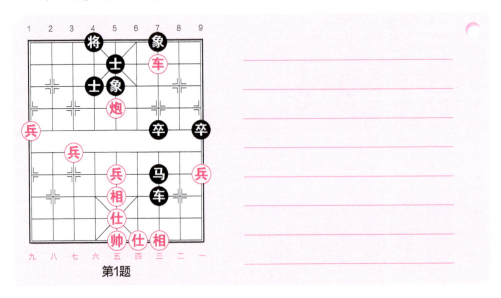

第1题

第 2 题: 红方如何利用牵制战术扩大优势?

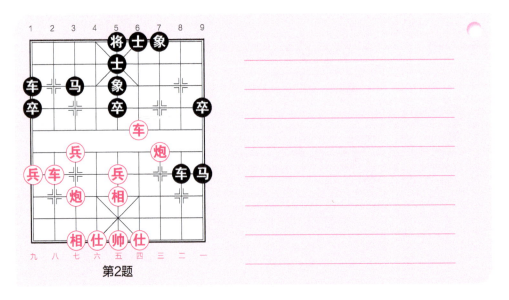

第2题

五、布局练习

下图是五六炮双正马对反宫马布局 12 回合后形成的局面。请根据提示，在空白处写出对应的着法，最终形成如图的局面。用时 12 分钟。

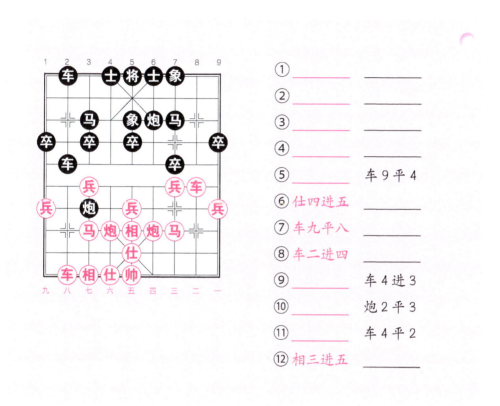

① _____ _____
② _____ _____
③ _____ _____
④ _____ _____
⑤ _____ 车 9 平 4
⑥ 仕四进五 _____
⑦ 车九平八 _____
⑧ 车二进四 _____
⑨ _____ 车 4 进 3
⑩ _____ 炮 2 平 3
⑪ _____ 车 4 平 2
⑫ 相三进五 _____

六、记忆力练习

请根据提示着法，在下面的空白棋盘中画出最终的结果图。用时 16 分钟。

① 兵七进一 炮 2 平 3
② 炮二平五 炮 8 平 5
③ 马二进三 马 8 进 7
④ 车一平二 车 1 进 1
⑤ 马八进七 车 1 平 4
⑥ 车二进四 马 2 进 1
⑦ 马七进六 车 9 平 8
⑧ 车二平四 车 8 进 4
⑨ 兵三进一 卒 1 进 1
⑩ 炮八平六 车 4 平 2

⑪ 车九进一　车2进5　　　⑫ 车九平四　士4进5
⑬ 马六进四　车2平4　　　⑭ 马四进三　士5进6
⑮ 炮五进四　炮5平7　　　⑯ 车四进三　车4进1
⑰ 前车进二　将5进1　　　⑱ 车四进七　将5进1
⑲ 马三进四

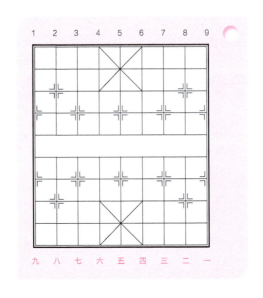

第5天训练

一、杀法练习

以下各题都是红方先行,请把答案写在下面的横线上。总用时12分钟。

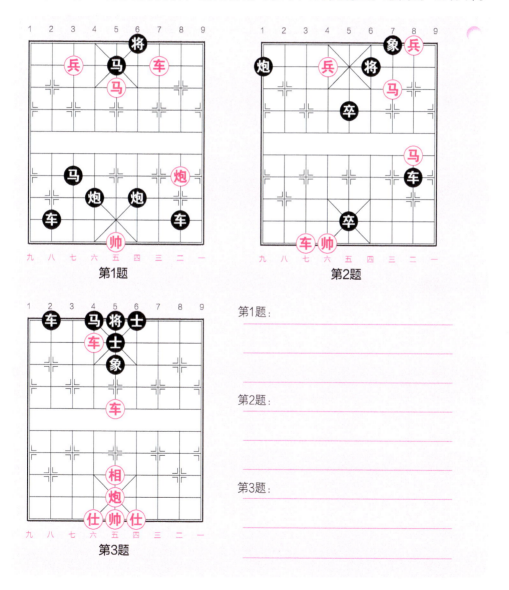

第1题:

第2题:

第3题:

二、残局练习

下面两则残局都是红方先行,请先写出结果,再写出对弈的过程。总用时 10 分钟。

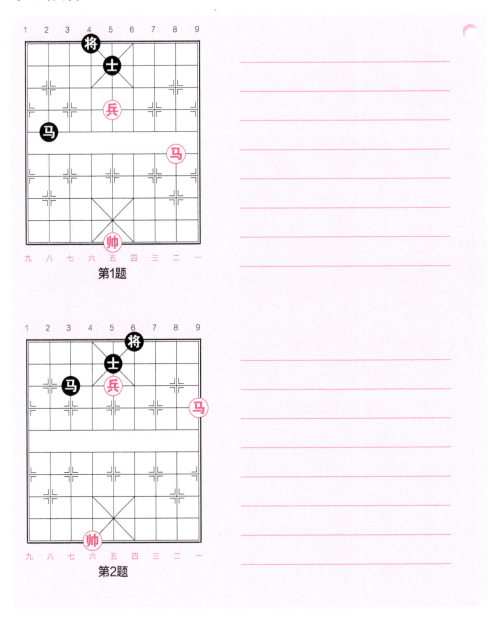

第1题

第2题

三、残局拓展练习

下面两则残局都由红方先行，请写出推演过程及结果。总用时 10 分钟。

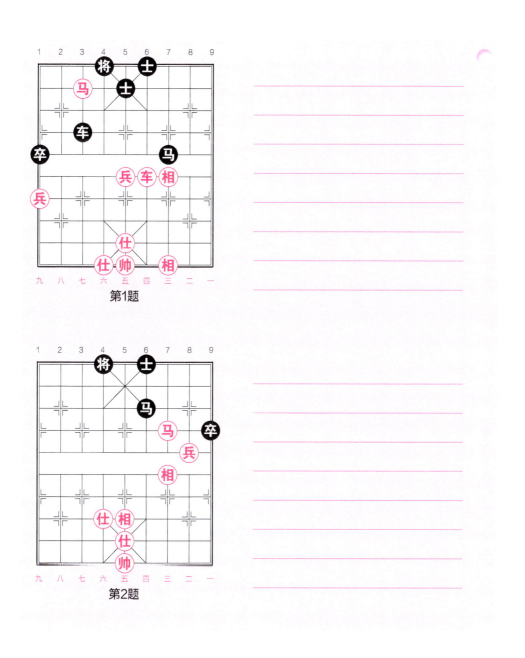

四、中局练习

下面两则中局都是红方先行,请根据问题提示,写出对弈的过程。总用时12分钟。

第1题: 红方如何利用牵制战术得子占优?

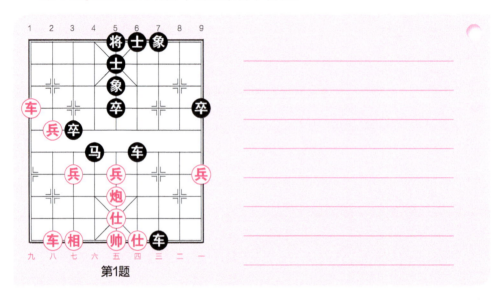

第1题

第2题: 红方如何利用牵制战术扩大优势?

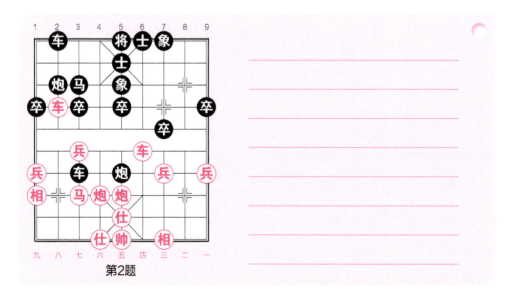

第2题

五、布局练习

下图是五七炮边马两头蛇对反宫马布局 12 回合后形成的局面。请根据提示，在空白处写出对应的着法，最终形成如图的局面。用时 12 分钟。

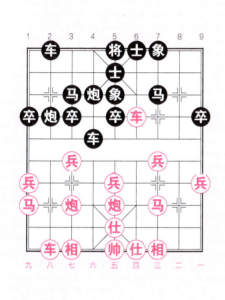

① 炮二平五　_____
② 马二进三　_____
③ 兵三进一　_____
④ _____　车 9 平 8
⑤ 马八进九　_____
⑥ 车九平八　_____
⑦ _____　车 8 进 4
⑧ 车一平二　_____
⑨ _____　炮 6 平 4
⑩ 车二平三　_____
⑪ _____　炮 2 退 3
⑫ 车三平四　_____

六、记忆力练习

请根据提示着法，在下面的空白棋盘中画出最终的结果图。用时 16 分钟。

① 炮二平五　马 2 进 3
② 马二进三　炮 8 平 5
③ 车一平二　马 8 进 7
④ 马八进七　卒 3 进 1
⑤ 车二进五　炮 5 平 6
⑥ 兵七进一　卒 3 进 1
⑦ 车二平七　象 3 进 5
⑧ 车七退一　车 9 平 8
⑨ 兵三进一　车 8 进 4
⑩ 马三进四　卒 7 进 1

⑪ 炮五平四　炮6进5　　⑫ 炮八平四　马3进2
⑬ 兵三进一　车8平7　　⑭ 相七进五　车1平3
⑮ 车七进五　象5退3　　⑯ 仕六进五　士6进5
⑰ 车九平六　象7进5　　⑱ 车六进五　车7平4
⑲ 马四进六　卒5进1　　⑳ 马六退八

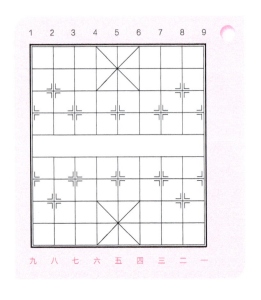

第6天训练

一、杀法练习

以下各题都是红方先行,请把答案写在下面的横线上。总用时 12 分钟。

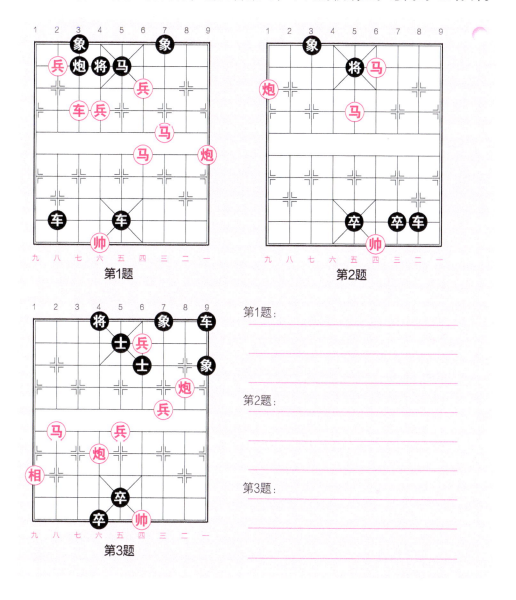

第1题:

第2题:

第3题:

二、残局练习

下面两则残局都是红方先行,请先写出结果,再写出对弈的过程。总用时 10 分钟。

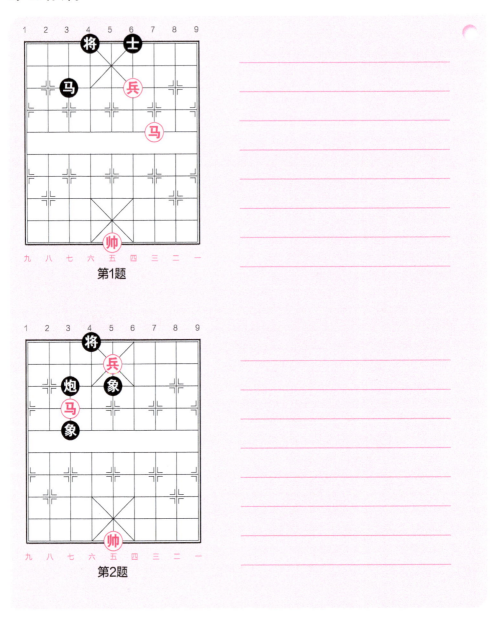

第1题

第2题

三、残局拓展练习

下面两则残局都由红方先行，请写出推演过程及结果。总用时 10 分钟。

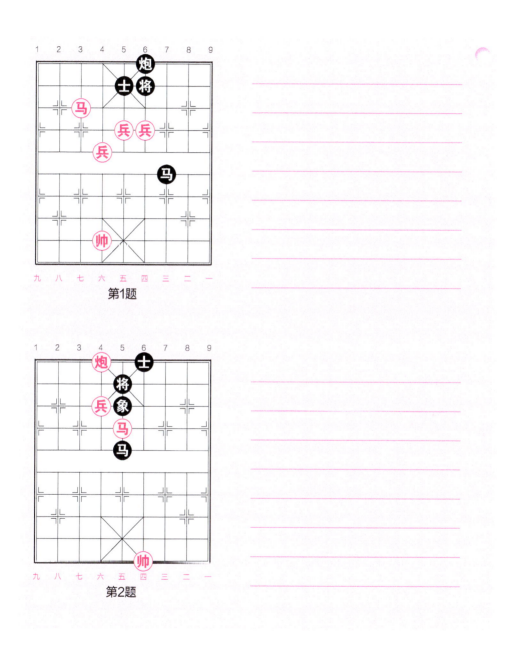

第1题

第2题

四、中局练习

下面两则中局都是红方先行,请根据问题提示,写出对弈的过程。总用时 12 分钟。

第 1 题:红方如何利用封锁战术转换成胜势局面?

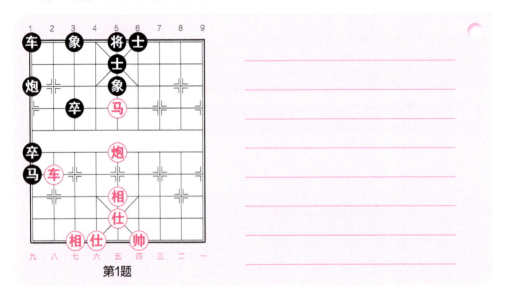

第1题

第 2 题:红方如何利用封锁战术扩先谋势?

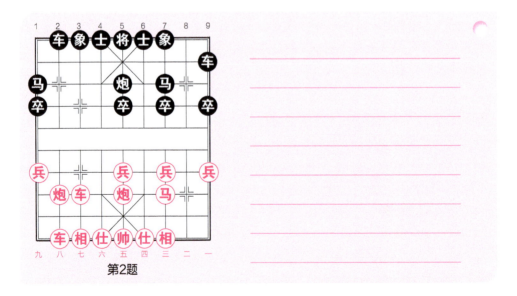

第2题

五、布局练习

下图是五七炮边马两头蛇对反宫马布局 12 回合后形成的局面。请根据提示，在空白处写出对应的着法，最终形成如图的局面。用时 12 分钟。

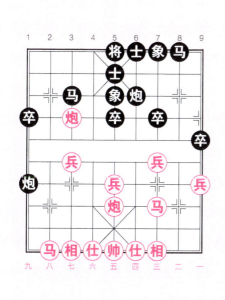

① _____　_____
② 兵七进一　_____
③ 兵三进一　_____
④ _____　象 3 进 5
⑤ 马二进三　_____
⑥ 车一平二　_____
⑦ _____　士 4 进 5
⑧ 车九平八　_____
⑨ _____　卒 9 进 1
⑩ 车二进六　_____
⑪ 车二进三　_____
⑫ 炮七进四　_____

六、记忆力练习

请根据提示着法，在下面的空白棋盘中画出最终的结果图。用时 16 分钟。

① 炮八平五　马 2 进 3　　② 马八进七　车 1 平 2
③ 车九平八　卒 7 进 1　　④ 兵七进一　马 8 进 7
⑤ 马二进一　卒 9 进 1　　⑥ 炮二平三　马 7 进 8
⑦ 车一进一　车 9 进 3　　⑧ 车一平四　象 7 进 5
⑨ 车八进六　炮 2 平 1　　⑩ 车八进三　马 3 退 2

⑪ 炮三退一　士4进5　　⑫ 兵五进一　马8进9
⑬ 车四进二　马9退8　　⑭ 马七进八　卒9进1
⑮ 炮三平八　马2进3　　⑯ 车四平六　卒9进1
⑰ 马一退三　车9进2　　⑱ 马八进九　炮1平2
⑲ 炮八进三　炮2进1　　⑳ 马九进八　炮2退1
㉑ 炮八平九　炮2平1

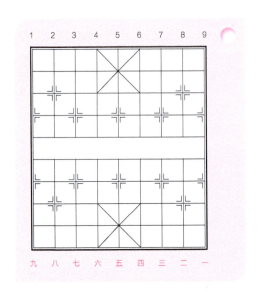

第7天训练

一、杀法练习

以下各题都是红方先行,请把答案写在下面的横线上。总用时 12 分钟。

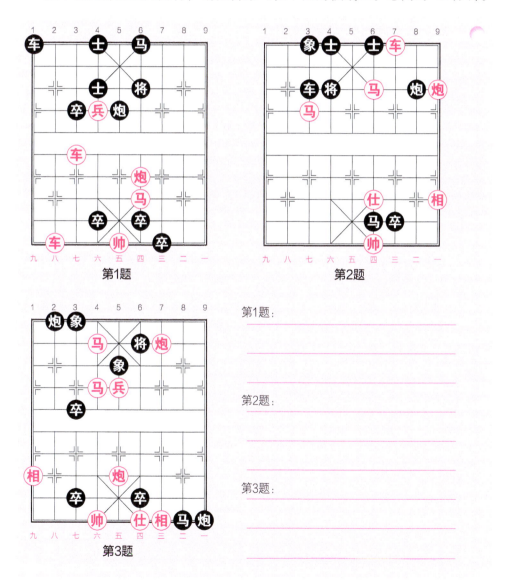

第1题:

第2题:

第3题:

二、残局练习

下面两则残局都是红方先行,请先写出结果,再写出对弈的过程。总用时 10 分钟。

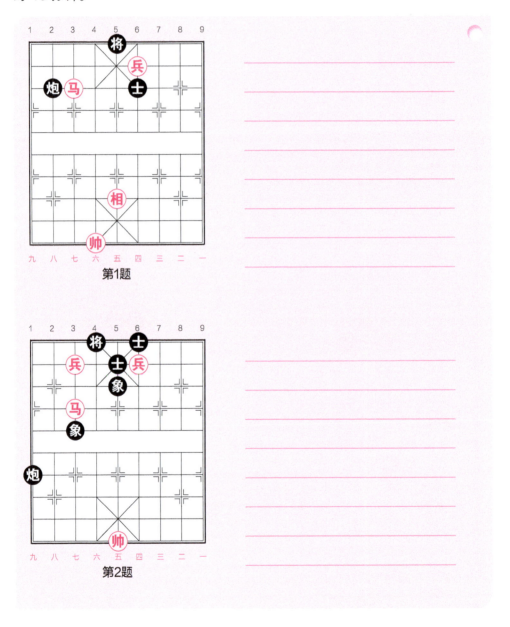

第1题

第2题

三、残局拓展练习

下面两则残局都由红方先行,请写出推演过程及结果。总用时 10 分钟。

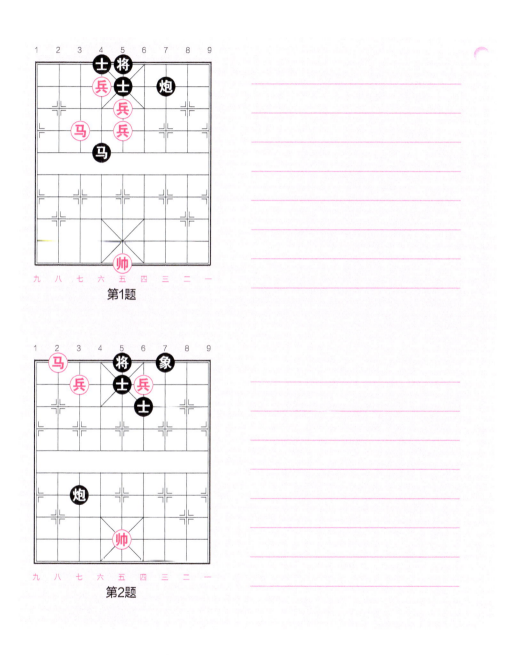

第1题

第2题

四、中局练习

下面两则中局都是红方先行,请根据问题提示,写出对弈的过程。总用时 12 分钟。

第 1 题: 红方如何利用封锁战术扩大优势?

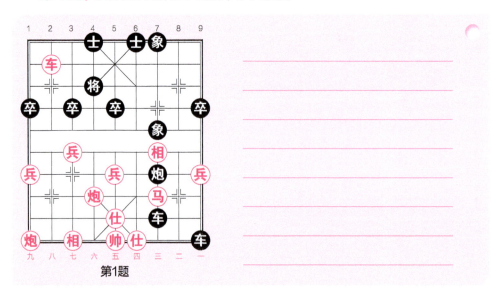

第1题

第 2 题: 红方如何利用封锁战术扩大优势?

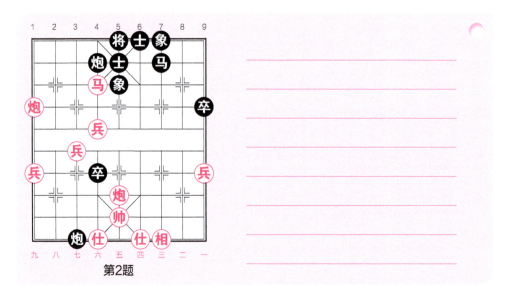

第2题

五、布局练习

下图是五七炮对反宫马布局 12 回合后形成的局面。请根据提示，在空白处写出对应的着法，最终形成如图的局面。用时 12 分钟。

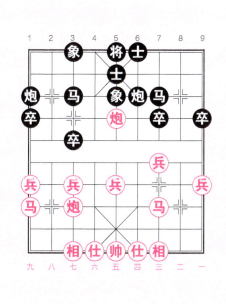

① 炮二平五　_____
② 马二进三　_____
③ 兵三进一　_____
④ _____　马 8 进 7
⑤ 炮八平七　_____
⑥ _____　车 1 平 2
⑦ 车八进四　_____
⑧ 车一平二　_____
⑨ 马三退二　_____
⑩ 马二进三　_____
⑪ _____　马 3 退 2
⑫ 炮五进四　_____

六、记忆力练习

请根据提示着法，在下面的空白棋盘中画出最终的结果图。用时 16 分钟。

① 炮二平五　马 8 进 7　　② 马二进三　卒 7 进 1
③ 兵七进一　马 2 进 3　　④ 马八进七　炮 2 进 4
⑤ 兵五进一　车 9 平 8　　⑥ 兵五进一　士 4 进 5
⑦ 兵五平六　马 7 进 6　　⑧ 马三进五　马 6 进 5
⑨ 马七进五　炮 8 平 5　　⑩ 马五进四　炮 2 平 5

⑪ 仕六进五　车 1 平 2　　⑫ 炮八平七　车 8 进 5
⑬ 相七进九　车 2 进 6　　⑭ 车九平六　后炮平 4
⑮ 炮七平六　车 8 平 6　　⑯ 炮六进五　士 5 进 4
⑰ 马四退六　炮 5 退 1　　⑱ 兵六进一　卒 5 进 1
⑲ 相三进一　士 6 进 5　　⑳ 兵七进一　车 2 平 6
㉑ 车六进二　卒 3 进 1　　㉒ 车一平二　卒 3 进 1

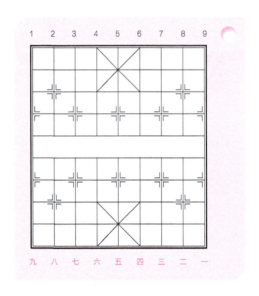

第8天训练

一、杀法练习

以下各题都是红方先行,请把答案写在下面的横线上。总用时 12 分钟。

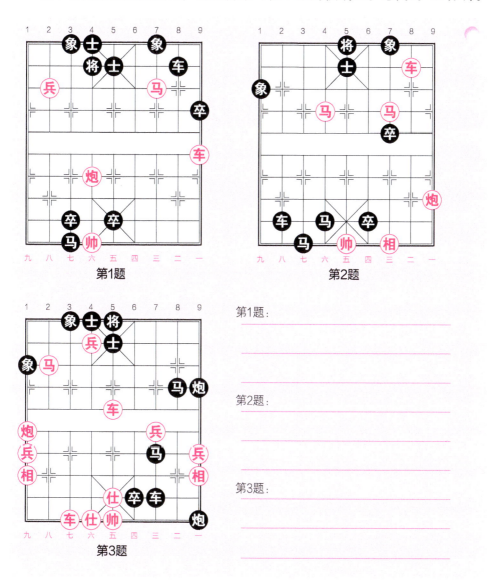

第1题

第2题

第3题

第1题:
_____
_____

第2题:
_____
_____

第3题:
_____
_____

二、残局练习

下面两则残局都是红方先行，请先写出结果，再写出对弈的过程。总用时 10 分钟。

三、残局拓展练习

下面两则残局都由红方先行，请写出推演过程及结果。总用时 10 分钟。

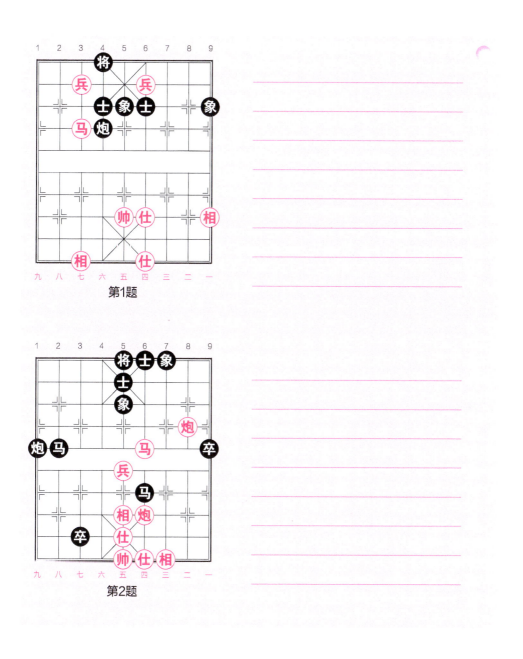

第1题

第2题

四、中局练习

下面两则中局都是红方先行,请根据问题提示,写出对弈的过程。总用时 12 分钟。

第 1 题:红方如何利用封锁战术扩大优势?

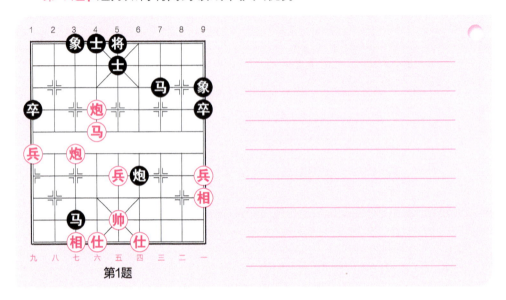

第1题

第 2 题:红方如何利用封锁战术成功谋子?

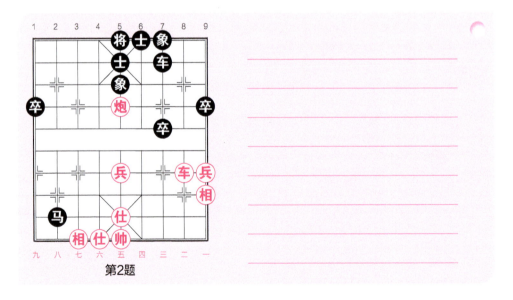

第2题

五、布局练习

下图是五七炮对反宫马布局 12 回合后形成的局面。请根据提示，在空白处写出对应的着法，最终形成如图的局面。用时 12 分钟。

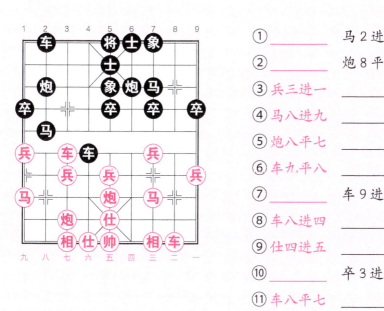

① _____　　马 2 进 3
② _____　　炮 8 平 6
③ 兵三进一　　_____
④ 马八进九　　_____
⑤ 炮八平七　　_____
⑥ 车九平八　　_____
⑦ _____　　车 9 进 1
⑧ 车八进四　　_____
⑨ 仕四进五　　_____
⑩ _____　　卒 3 进 1
⑪ 车八平七　　_____
⑫ 炮七退一　　_____

六、记忆力练习

请根据提示着法，在下面的空白棋盘中画出最终的结果图。用时 16 分钟。

① 炮二平六　马 8 进 7　　② 马二进三　卒 3 进 1
③ 车一平二　车 9 平 8　　④ 兵三进一　马 2 进 3
⑤ 马八进九　象 3 进 5　　⑥ 车九进一　士 4 进 5
⑦ 相三进五　车 1 平 4　　⑧ 炮六平七　卒 5 进 1
⑨ 车九平四　车 4 进 5　　⑩ 车二进四　卒 5 进 1

⑪ 兵五进一　车4平5　　⑫ 炮七退一　车5平4
⑬ 车四进五　马3进5　　⑭ 炮八进四　炮8进2
⑮ 仕四进五　车4平2　　⑯ 炮八平七　炮2进1
⑰ 车四退三　卒7进1　　⑱ 兵三进一　车2平8
⑲ 马三进二　马5进7　　⑳ 车四平六　卒1进1
㉑ 炮七平四　车8进3　　㉒ 车六平三　前马进5
㉓ 车三进四　车8平6

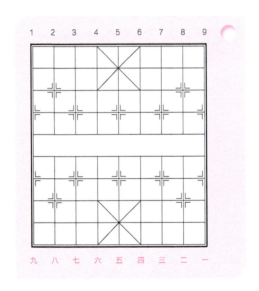

第9天训练

一、杀法练习

以下各题都是红方先行,请把答案写在下面的横线上。总用时 12 分钟。

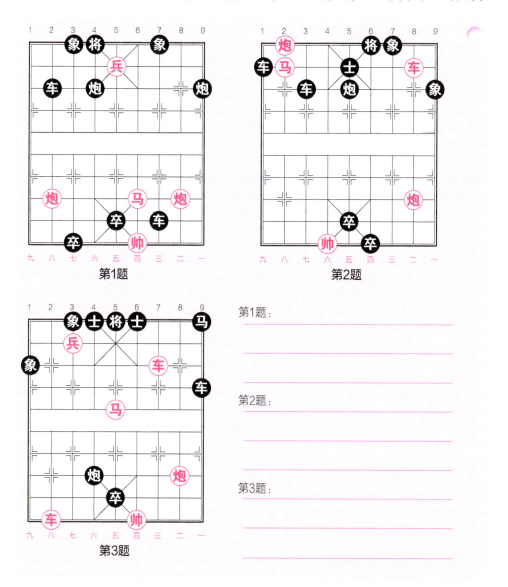

第1题:

第2题:

第3题:

二、残局练习

下面两则残局都是红方先行，请先写出结果，再写出对弈的过程。总用时 10 分钟。

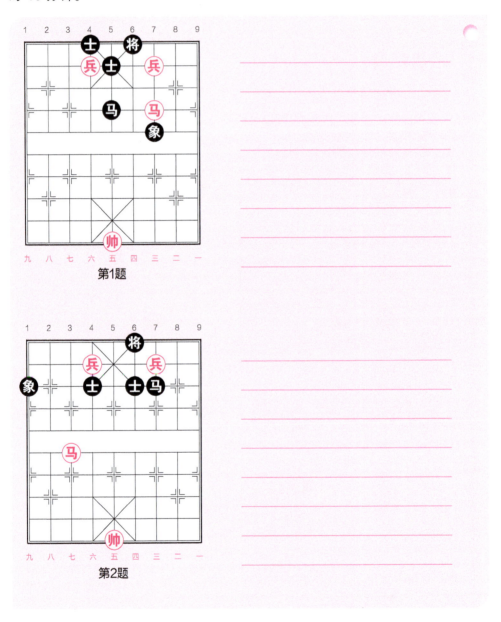

三、残局拓展练习

下面两则残局都由红方先行,请写出推演过程及结果。总用时 10 分钟。

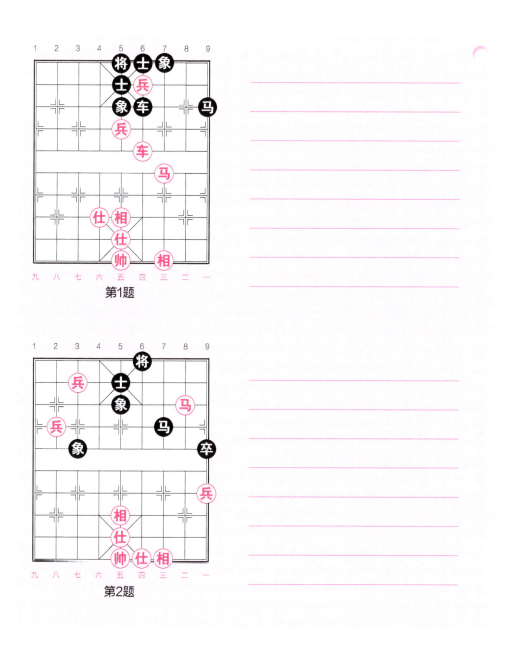

第1题

第2题

四、中局练习

下面两则中局都是红方先行,请根据问题提示,写出对弈的过程。总用时 12 分钟。

第 1 题:红方如何利用封锁战术谋得优势?

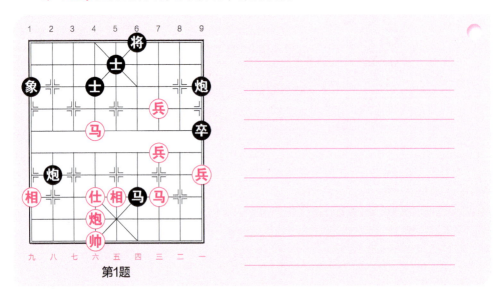

第1题

第 2 题:红方如何利用封锁战术成功谋子?

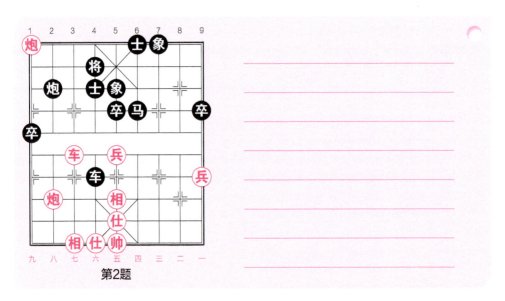

第2题

五、布局练习

下图是五七炮对反宫马布局 12 回合后形成的局面。请根据提示，在空白处写出对应的着法，最终形成如图的局面。用时 12 分钟。

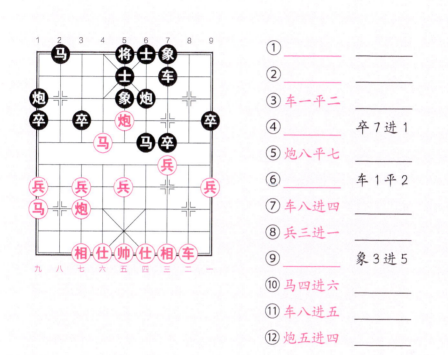

① _____ _____
② _____ _____
③ 车一平二 _____
④ _____ 卒 7 进 1
⑤ 炮八平七 _____
⑥ _____ 车 1 平 2
⑦ 车八进四 _____
⑧ 兵三进一 _____
⑨ _____ 象 3 进 5
⑩ 马四进六 _____
⑪ 车八进五 _____
⑫ 炮五进四 _____

六、记忆力练习

请根据提示着法，在下面的空白棋盘中画出最终的结果图。用时 16 分钟。

① 相三进五　卒 7 进 1　　② 马八进七　马 2 进 1
③ 炮八平九　车 1 平 2　　④ 车九平八　象 7 进 5
⑤ 兵三进一　卒 7 进 1　　⑥ 车八进四　卒 7 进 1
⑦ 马二进四　卒 7 进 1　　⑧ 炮二平一　马 8 进 6
⑨ 车八平三　卒 7 平 6　　⑩ 马四进二　卒 6 平 5

⑪ 炮九平五　炮8平7　　⑫ 车三平四　车2进1
⑬ 马二进三　车9平8　　⑭ 炮一进四　炮2进5
⑮ 炮五平八　马6进7　　⑯ 炮一平五　士4进5
⑰ 车四平六　炮7进3　　⑱ 车六平三　车2进6
⑲ 车一进二　马7退6　　⑳ 炮五平一　车8进3
㉑ 炮一进三　车8退3　　㉒ 炮一退三　马6进5
㉓ 兵七进一　卒1进1　　㉔ 马七进六

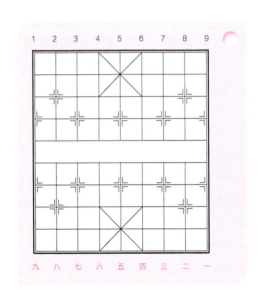

第10天训练

一、杀法练习

以下各题都是红方先行,请把答案写在下面的横线上。总用时 12 分钟。

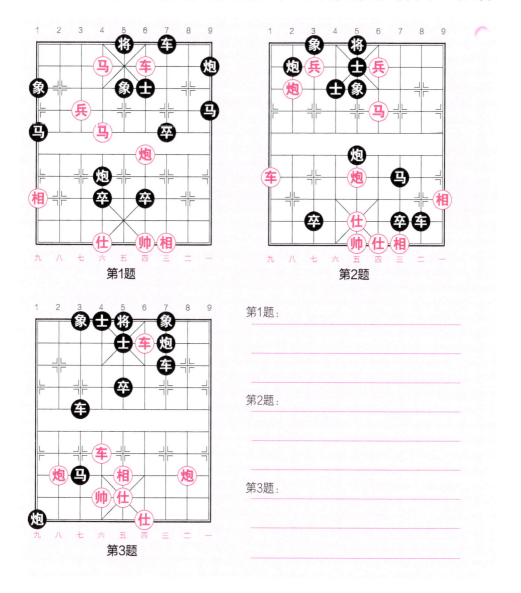

第1题:

第2题:

第3题:

二、残局练习

下面两则残局都是红方先行,请先写出结果,再写出对弈的过程。总用时 10 分钟。

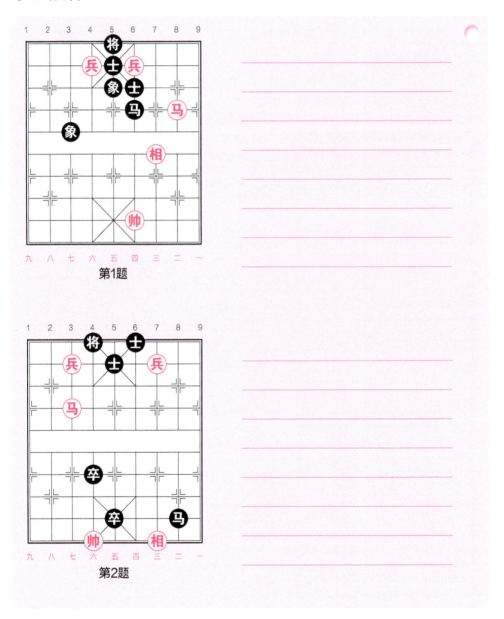

第1题

第2题

三、残局拓展练习

下面两则残局都由红方先行,请写出推演过程及结果。总用时 10 分钟。

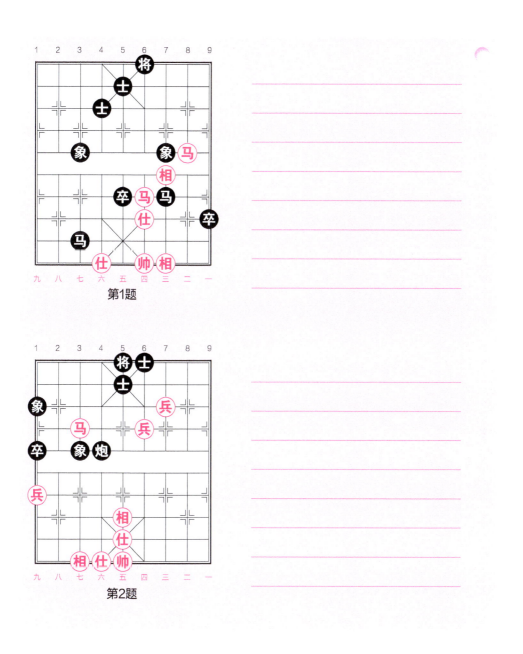

第1题

第2题

四、中局练习

下面两则中局都是红方先行,请根据问题提示,写出对弈的过程。总用时 12 分钟。

第 1 题:红方如何利用堵塞战术谋得优势?

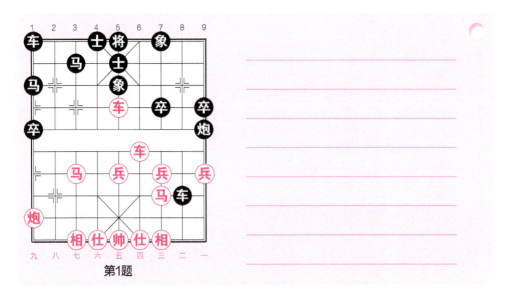

第1题

第 2 题:红方如何利用堵塞战术谋得优势?

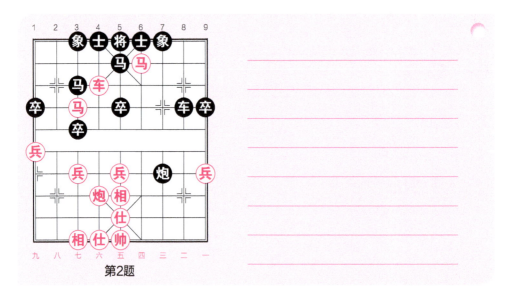

第2题

五、布局练习

下图是五七炮对反宫马布局 12 回合后形成的局面。请根据提示，在空白处写出对应的着法，最终形成如图的局面。用时 12 分钟。

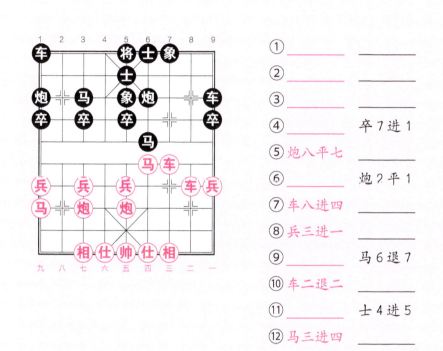

① _____ _____
② _____ _____
③ _____ _____
④ _____ 卒 7 进 1
⑤ 炮八平七 _____
⑥ _____ 炮 2 平 1
⑦ 车八进四 _____
⑧ 兵三进一 _____
⑨ _____ 马 6 退 7
⑩ 车二退二 _____
⑪ _____ 士 4 进 5
⑫ 马三进四 _____

六、记忆力练习

请根据提示着法，在下面的空白棋盘中画出最终的结果图。用时 16 分钟。

① 炮二平五　马 8 进 7　　② 马二进三　车 9 平 8
③ 车一平二　炮 2 平 5　　④ 兵三进一　马 2 进 3
⑤ 马八进九　车 1 平 2　　⑥ 车九平八　车 2 进 5
⑦ 车二进四　炮 8 平 9　　⑧ 炮八平七　车 2 平 4
⑨ 车二进五　马 7 退 8　　⑩ 相三进一　卒 3 进 1

⑪ 兵九进一　炮5退1　　⑫ 车八进四　车4平2
⑬ 马九进八　象7进5　　⑭ 相七进九　马8进6
⑮ 兵七进一　卒3进1　　⑯ 炮七进五　炮9平3
⑰ 相九进七　炮3平1　　⑱ 马八进九　炮1进3
⑲ 相七退九　炮1平4　　⑳ 仕四进五　卒7进1
㉑ 兵三进一　象5进7　　㉒ 马九进七　炮4退3
㉓ 马七退六　炮4平9　　㉔ 马三进四　炮9进4
㉕ 马四进五　炮9退2　　㉖ 马六退四　马6进5

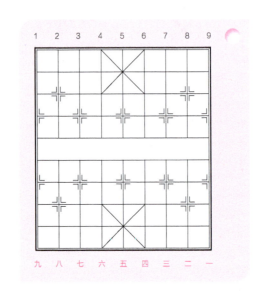

第11天训练

一、杀法练习

以下各题都是红方先行,请把答案写在下面的横线上。总用时 12 分钟。

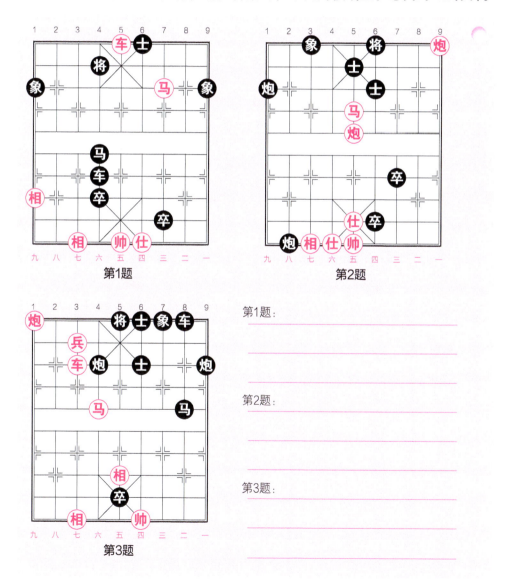

第1题:

第2题:

第3题:

二、残局练习

下面两则残局都是红方先行,请先写出结果,再写出对弈的过程。总用时 10 分钟。

第1题

第2题

三、残局拓展练习

下面两则残局都由红方先行,请写出推演过程及结果。总用时 10 分钟。

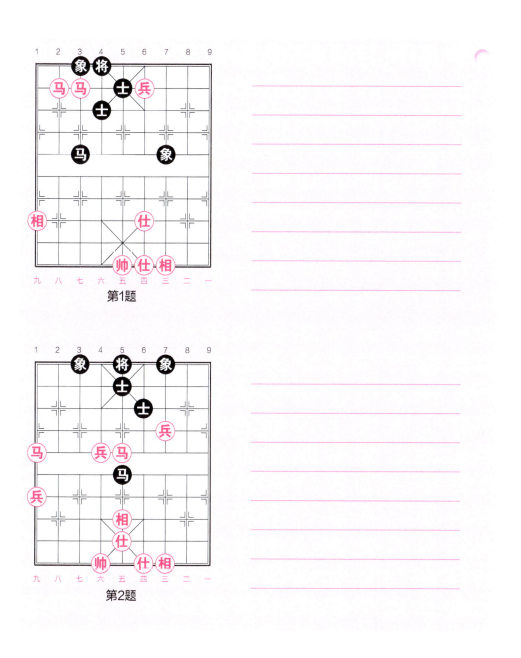

第1题

第2题

四、中局练习

下面两则中局都是红方先行,请根据问题提示,写出对弈的过程。总用时 12 分钟。

第 1 题:红方如何利用堵塞战术扩大优势?

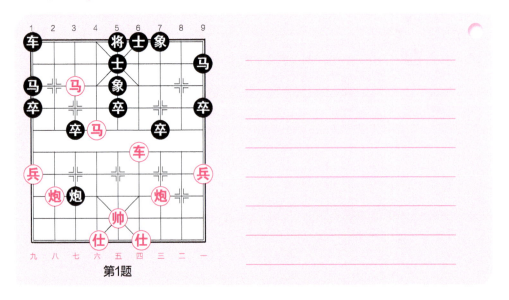

第 1 题

第 2 题:红方如何利用堵塞战术取得胜势?

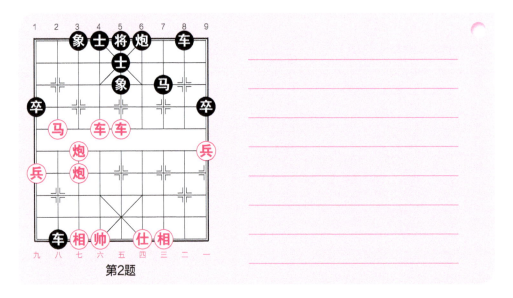

第 2 题

五、布局练习

下图是五七炮对反宫马布局 12 回合后形成的局面。请根据提示，在空白处写出对应的着法，最终形成如图的局面。用时 12 分钟。

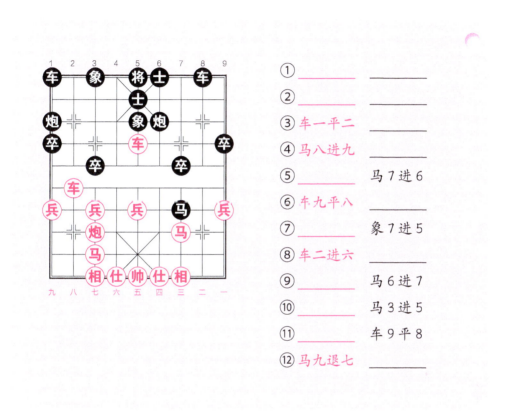

① _____   _____
② _____   _____
③ 车一平二 _____
④ 马八进九 _____
⑤ _____   马 7 进 6
⑥ 车九平八 _____
⑦ _____   象 7 进 5
⑧ 车二进六 _____
⑨ _____   马 6 进 7
⑩ _____   马 3 进 5
⑪ _____   车 9 平 8
⑫ 马九退七 _____

六、记忆力练习

请根据提示着法，在下面的空白棋盘中画出最终的结果图。用时 16 分钟。

① 相三进五　炮 2 平 4　　② 兵七进一　马 2 进 1
③ 马八进七　车 1 平 2　　④ 车九平八　炮 8 平 5
⑤ 炮八进四　马 8 进 7　　⑥ 马二进四　车 9 进 1
⑦ 仕四进五　车 9 平 6　　⑧ 车一平四　车 6 进 3
⑨ 炮二平三　炮 5 平 6　　⑩ 马七进六　车 6 退 1

⑪ 兵三进一　马1退3　　⑫ 炮八退一　车2进3
⑬ 车八进二　士4进5　　⑭ 炮八平二　车2进4
⑮ 炮三平八　卒5进1　　⑯ 炮二进三　炮6退1
⑰ 炮八进七　象3进5　　⑱ 炮八退二　将5平4
⑲ 炮八退六　炮4退1　　⑳ 车四平二　炮6进7
㉑ 炮八平四　车6进5　　㉒ 炮二平六　将4进1
㉓ 车二进七　车6退6　　㉔ 马六进七　将4退1
㉕ 马七退五　车6进2　　㉖ 车二平三　车6平5

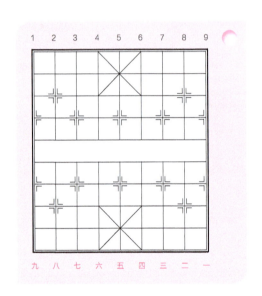

第12天训练

一、杀法练习

以下各题都是红方先行,请把答案写在下面的横线上。总用时 12 分钟。

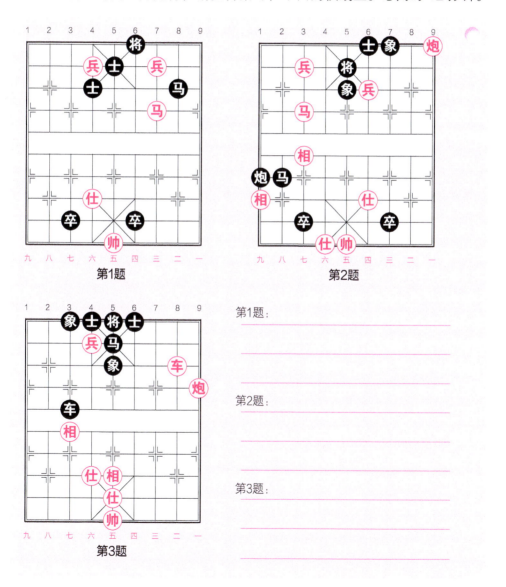

第1题:

第2题:

第3题:

二、残局练习

下面两则残局都是红方先行,请先写出结果,再写出对弈的过程。总用时 10 分钟。

第1题

第2题

三、残局拓展练习

下面两则残局都由红方先行,请写出推演过程及结果。总用时 10 分钟。

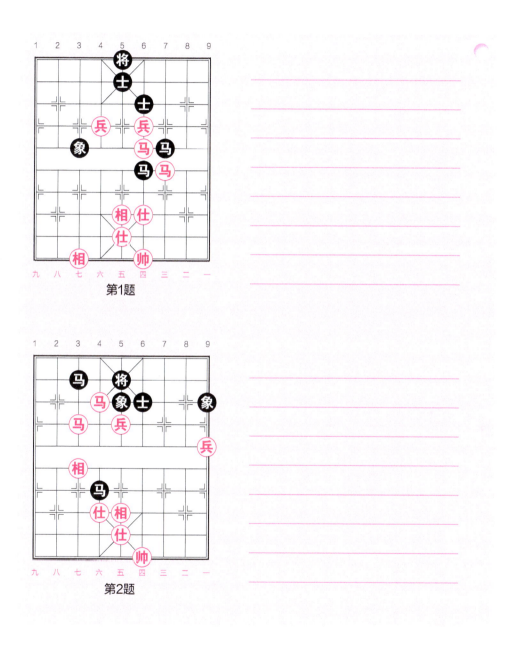

第1题

第2题

四、中局练习

下面两则中局都是红方先行,请根据问题提示,写出对弈的过程。总用时 12 分钟。

第 1 题: 红方如何利用堵塞战术确立胜势?

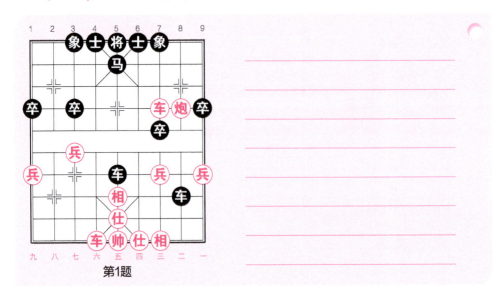

第1题

第 2 题: 红方如何确立优势?

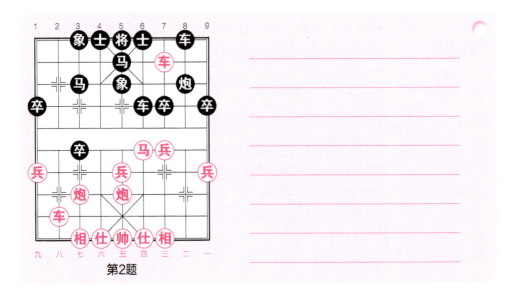

第2题

五、布局练习

下图是中炮进三兵对后补列炮布局 12 回合后形成的局面。请根据提示，在空白处写出对应的着法，最终形成如图的局面。用时 12 分钟。

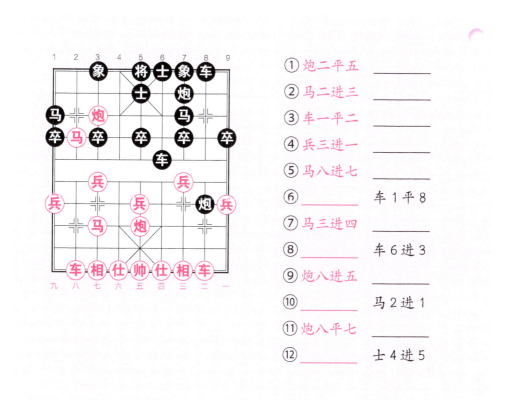

① 炮二平五 _____
② 马二进三 _____
③ 车一平二 _____
④ 兵三进一 _____
⑤ 马八进七 _____
⑥ _____ 车 1 平 8
⑦ 马三进四 _____
⑧ _____ 车 6 进 3
⑨ 炮八进五 _____
⑩ _____ 马 2 进 1
⑪ 炮八平七 _____
⑫ _____ 士 4 进 5

六、记忆力练习

请根据提示着法，在下面的空白棋盘中画出最终的结果图。用时 16 分钟。

① 兵七进一　炮 2 平 3　　② 炮二平五　炮 8 平 5
③ 马二进三　马 8 进 7　　④ 车一平二　马 2 进 1
⑤ 马八进七　车 1 平 2　　⑥ 车九平八　卒 3 进 1
⑦ 车二进五　卒 5 进 1　　⑧ 车二平五　马 1 进 3
⑨ 车五平六　卒 3 进 1　　⑩ 炮八进三　炮 5 进 5

⑪ 相七进五　马3退5　　⑫ 车六进一　车2进4
⑬ 车八进五　炮3进5　　⑭ 车六退四　炮3退1
⑮ 兵五进一　车9平8　　⑯ 马三进五　车8进6
⑰ 马五进七　车8平7　　⑱ 兵一进一　马7进5
⑲ 兵五进一　马5进7　　⑳ 仕六进五　士6进5
㉑ 车六进四　炮3进2　　㉒ 车六平八　马7进6
㉓ 帅五平六　马6退4　　㉔ 车八退二　炮3退2
㉕ 车八平六　马5进3　　㉖ 兵五平六　马3进1
㉗ 马七进八　马1退3

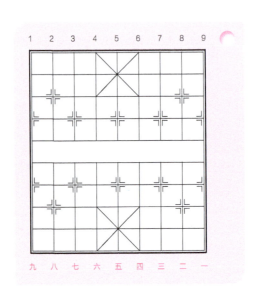

第13天训练

一、杀法练习

以下各题都是红方先行,请把答案写在下面的横线上。总用时 12 分钟。

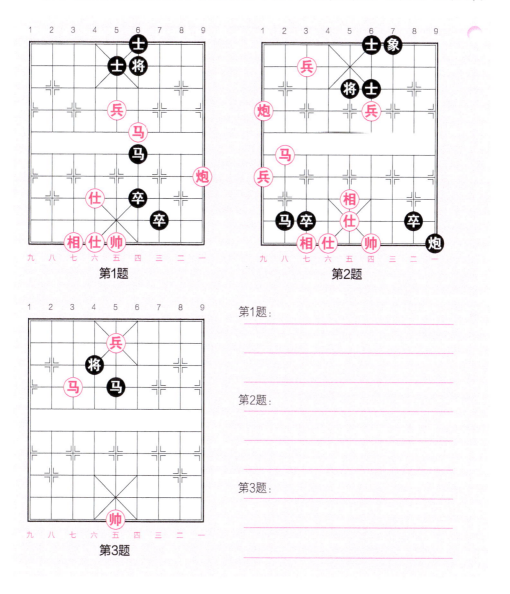

第1题

第2题

第3题

第1题:

第2题:

第3题:

二、残局练习

下面两则残局都是红方先行,请先写出结果,再写出对弈的过程。总用时10分钟。

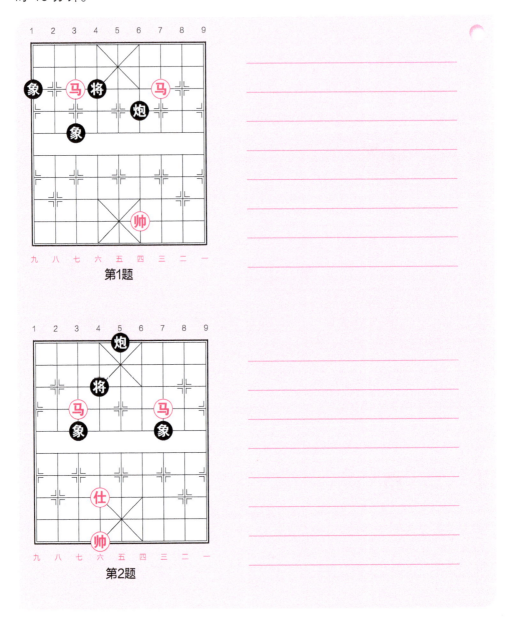

第1题

第2题

三、残局拓展练习

下面两则残局都由红方先行，请写出推演过程及结果。总用时 10 分钟。

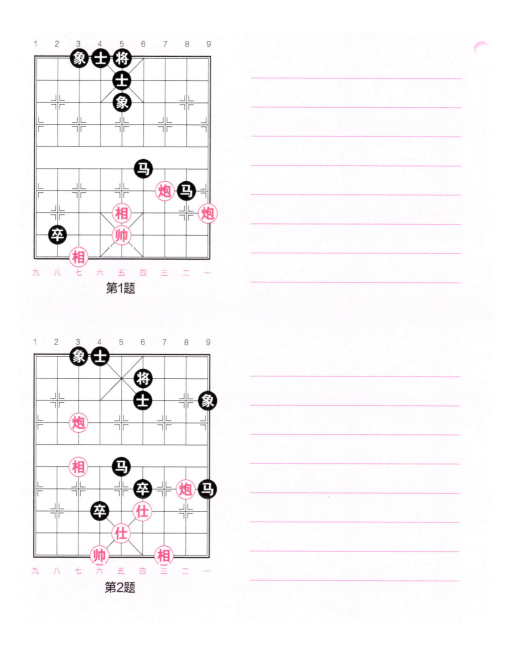

第1题

第2题

四、中局练习

下面两则中局都是红方先行,请根据问题提示,写出对弈的过程。总用时 12 分钟。

第 1 题:红方如何迅速组织并发动攻势?

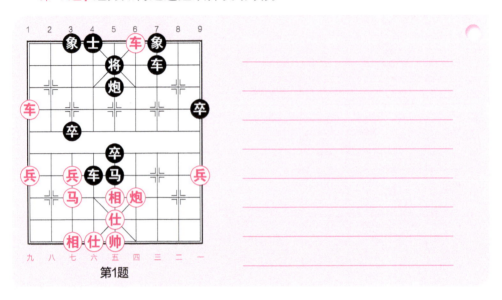

第1题

第 2 题:红方如何突破黑方防线确立优势?

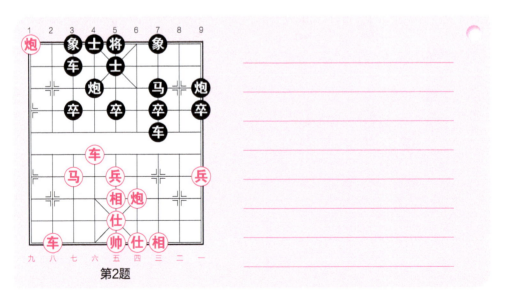

第2题

五、布局练习

下图是中炮进三兵对后补列炮布局 12 回合后形成的局面。请根据提示，在空白处写出对应的着法，最终形成如图的局面。用时 12 分钟。

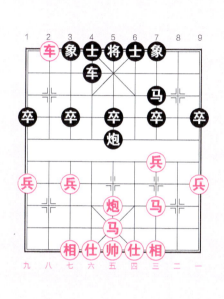

① 炮二平五 _____
② 马二进三 _____
③ 车一平二 _____
④ _____ 炮 2 平 5
⑤ 马八进七 _____
⑥ _____ 车 1 平 8
⑦ 马三进四 _____
⑧ _____ 炮 8 平 2
⑨ 车二进八 _____
⑩ _____ 炮 5 进 4
⑪ 车八进七 _____
⑫ 马四退三 _____

六、记忆力练习

请根据提示着法，在下面的空白棋盘中画出最终的结果图。用时 16 分钟。

① 炮二平五　马 8 进 7
② 马二进三　车 9 平 8
③ 车一平二　马 2 进 3
④ 兵三进一　卒 3 进 1
⑤ 马八进九　象 3 进 5
⑥ 车九进一　士 4 进 5
⑦ 车九平七　马 3 进 4
⑧ 车二进六　炮 2 进 1
⑨ 炮八平六　炮 2 平 3
⑩ 车七平八　卒 7 进 1

⑪ 车二退二　卒7进1　　⑫ 车二平三　马7进6
⑬ 炮五进四　马4退3　　⑭ 炮五退一　车1平4
⑮ 炮六平五　炮3平5　　⑯ 车三平四　马6退7
⑰ 车八平二　车4进3　　⑱ 车四平三　马7进6
⑲ 车二进二　炮5平7　　⑳ 相三进一　炮8平7
㉑ 车二进六　炮7进3　　㉒ 车二退四　炮7进4
㉓ 车二平四　炮7退2　　㉔ 车四退三　前炮平5
㉕ 炮五退三　炮7平5　　㉖ 兵五进一　炮5进4
㉗ 车四平五　车4进3　　㉘ 兵一进一　马3进2

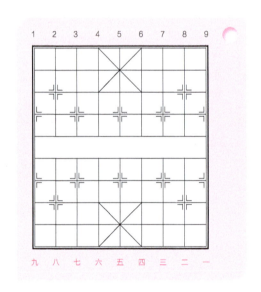

第14天训练

一、杀法练习

以下各题都是红方先行，请把答案写在下面的横线上。总用时 12 分钟。

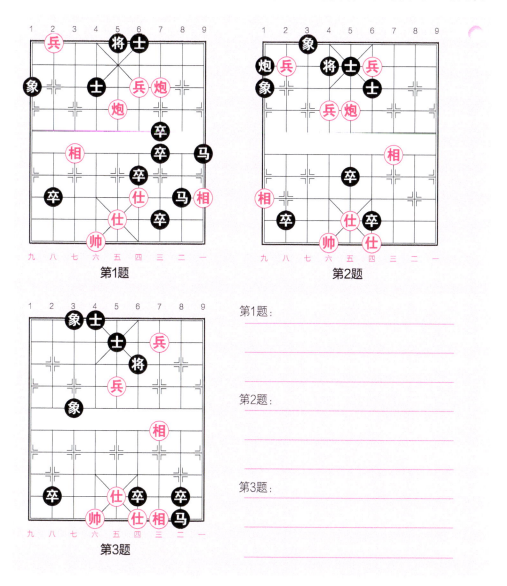

第1题：
_____
_____

第2题：
_____
_____

第3题：
_____
_____

二、残局练习

下面两则残局都是红方先行，请先写出结果，再写出对弈的过程。总用时 10 分钟。

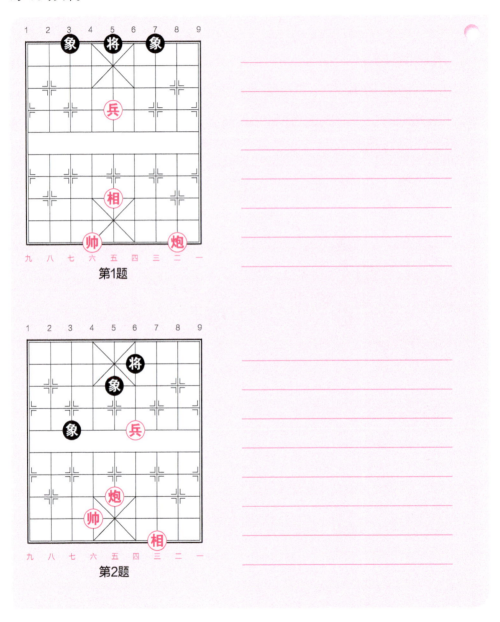

第1题

第2题

三、残局拓展练习

下面两则残局都由红方先行，请写出推演过程及结果。总用时 10 分钟。

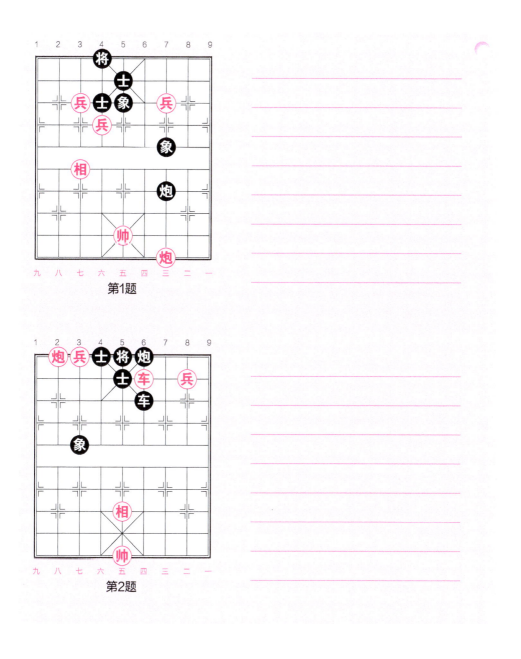

第1题

第2题

四、中局练习

下面两则中局都是红方先行,请根据问题提示,写出对弈的过程。总用时 12 分钟。

第 1 题:红方如何利用围困战术取得占优?

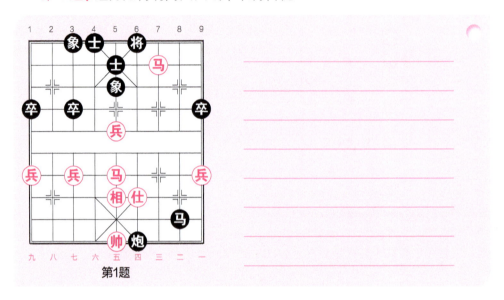

第 2 题:红方如何利用围困战术谋子占优?

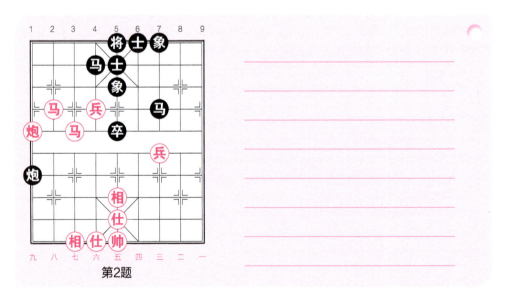

五、布局练习

下图是中炮进三兵对后补列炮布局 12 回合后形成的局面。请根据提示，在空白处写出对应的着法，最终形成如图的局面。用时 12 分钟。

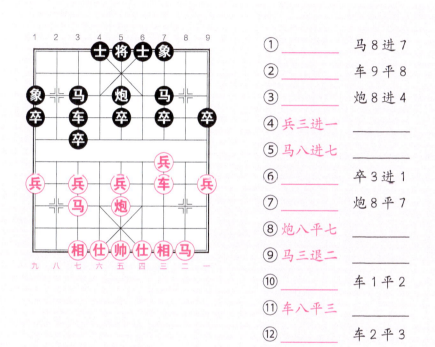

① _____ 马 8 进 7
② _____ 车 9 平 8
③ _____ 炮 8 进 4
④ 兵三进一 _____
⑤ 马八进七 _____
⑥ _____ 卒 3 进 1
⑦ _____ 炮 8 平 7
⑧ 炮八平七 _____
⑨ 马三退二 _____
⑩ _____ 车 1 平 2
⑪ 车八平三 _____
⑫ _____ 车 2 平 3

六、记忆力练习

请根据提示着法，在下面的空白棋盘中画出最终的结果图。用时 16 分钟。

① 兵七进一　炮 2 平 3　　② 炮二平五　象 3 进 5
③ 仕六进五　卒 7 进 1　　④ 马二进三　马 8 进 7
⑤ 车一平二　车 9 平 8　　⑥ 车二进四　炮 8 平 9
⑦ 车二进五　马 7 退 8　　⑧ 炮五进四　士 4 进 5
⑨ 兵五进一　马 2 进 4　　⑩ 炮五平六　马 4 进 2

⑪相七进五　炮3平4　　⑫炮六退一　马2进4
⑬兵五进一　马4退6　　⑭兵五平四　车1平2
⑮炮八平九　车2进4　　⑯马三进五　炮9进4
⑰马八进七　炮9平5　　⑱马七进五　马8进7
⑲兵四进一　马7进6　　⑳马五进四　车2平4
㉑兵四进一　车4平6　　㉒兵四平五　象7进5
㉓车九平八　卒1进1　　㉔车八进九　炮4退2
㉕车八退六　卒3进1　　㉖车八平五　卒3进1
㉗相五进七　象5退7　　㉘炮九平五　炮4进2
㉙车五平六　车6平5

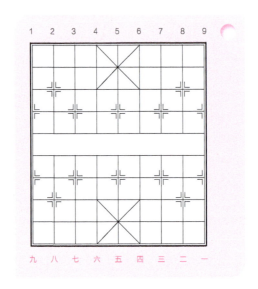

第15天训练

一、杀法练习

以下各题都是红方先行,请把答案写在下面的横线上。总用时 12 分钟。

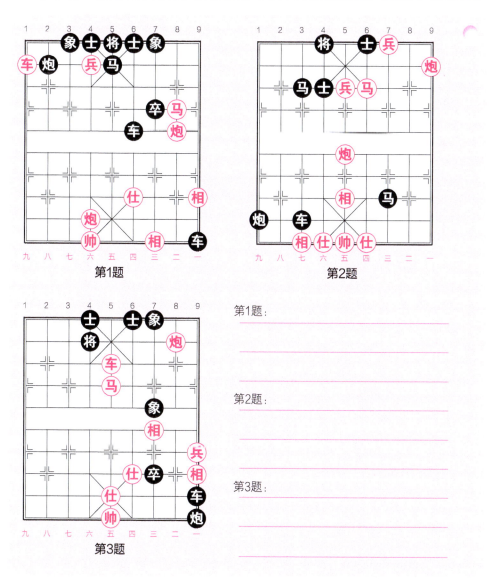

第1题:

第2题:

第3题:

二、残局练习

下面两则残局都是红方先行，请先写出结果，再写出对弈的过程。总用时 10 分钟。

三、残局拓展练习

下面两则残局都由红方先行,请写出推演过程及结果。总用时 10 分钟。

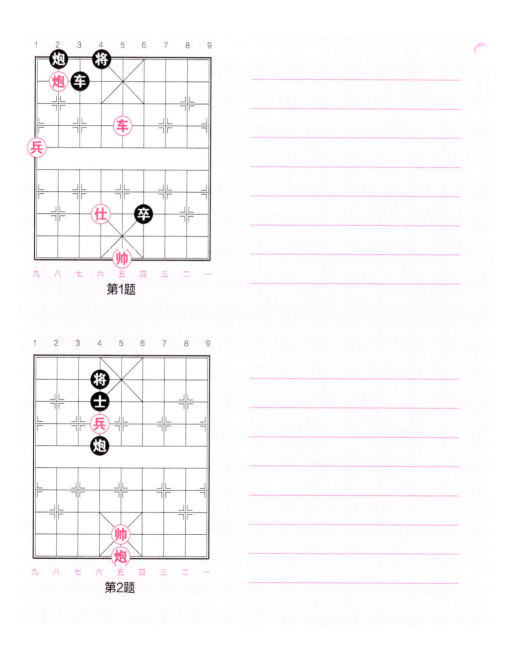

第1题

第2题

四、中局练习

下面两则中局都是红方先行,请根据问题提示,写出对弈的过程。总用时12分钟。

第1题:红方如何得子占优?

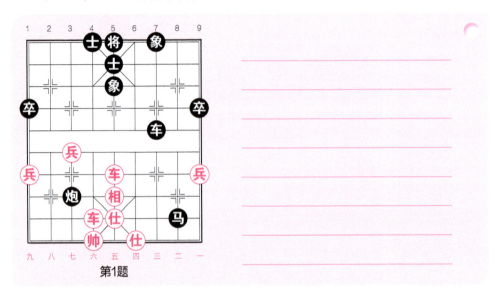

第1题

第2题:红方如何组织攻势?

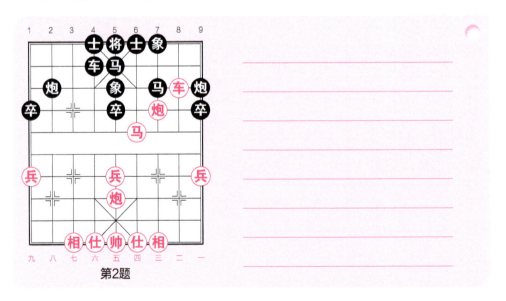

第2题

五、布局练习

下图是中炮进三兵对后补列炮布局 12 回合后形成的局面。请根据提示，在空白处写出对应的着法，最终形成如图的局面。用时 12 分钟。

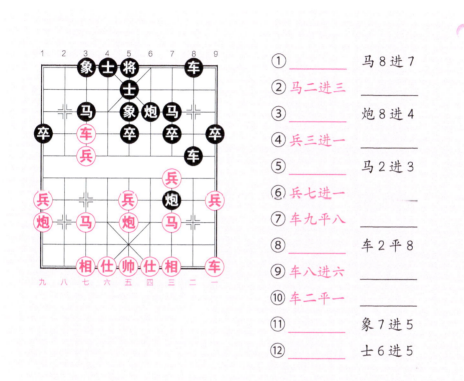

① _____   马 8 进 7
② 马二进三   _____
③ _____   炮 8 进 4
④ 兵三进一   _____
⑤ _____   马 2 进 3
⑥ 兵七进一   _____
⑦ 车九平八   _____
⑧ _____   车 2 平 8
⑨ 车八进六   _____
⑩ 车二平一   _____
⑪ _____   象 7 进 5
⑫ _____   士 6 进 5

六、记忆力练习

请根据提示着法，在下面的空白棋盘中画出最终的结果图。用时 16 分钟。

① 相三进五   炮 8 平 4   ② 马二进三   马 8 进 7
③ 车一平二   车 9 平 8   ④ 炮二进四   卒 7 进 1
⑤ 兵七进一   马 2 进 1   ⑥ 马八进七   炮 2 平 3
⑦ 马七进八   马 7 进 6   ⑧ 车九进一   卒 7 进 1
⑨ 炮二平三   车 8 进 9   ⑩ 马三退二   卒 7 进 1

⑪ 车九平四　马6进5　　⑫ 炮八进一　马5进3
⑬ 车四进五　象3进5　　⑭ 炮三平五　士4进5
⑮ 炮八平七　马3退1　　⑯ 马二进四　车1平2
⑰ 炮五退二　卒1进1　　⑱ 车四平六　车2平4
⑲ 马四进三　前马退2　　⑳ 车六退一　炮4进1
㉑ 兵七进一　卒3进1　　㉒ 炮七进四　马2退3
㉓ 车六平七　马1进2　　㉔ 马八进六　炮4平5
㉕ 马六进七　象5进3　　㉖ 马七进六　将5平4
㉗ 仕四进五　象3退5　　㉘ 兵一进一　马2进4
㉙ 马三进四　马4进2　　㉚ 马四进三　炮5平6

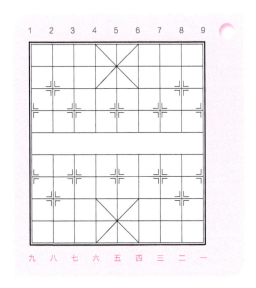

第16天训练

一、杀法练习

以下各题都是红方先行,请把答案写在下面的横线上。总用时12分钟。

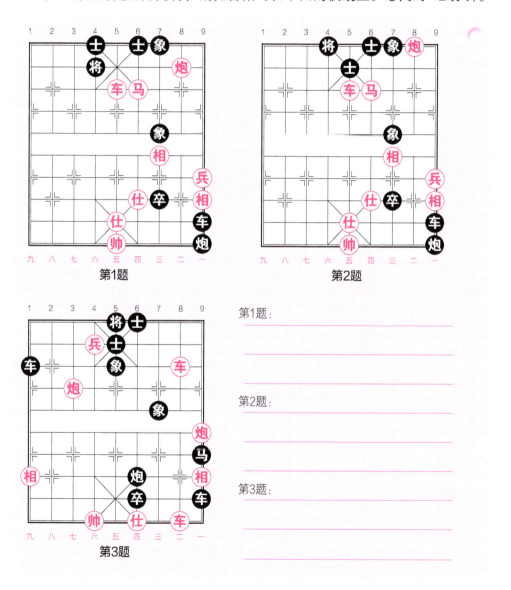

第1题:

_____

_____

第2题:

_____

_____

第3题:

_____

_____

二、残局练习

下面两则残局都是红方先行,请先写出结果,再写出对弈的过程。总用时 10 分钟。

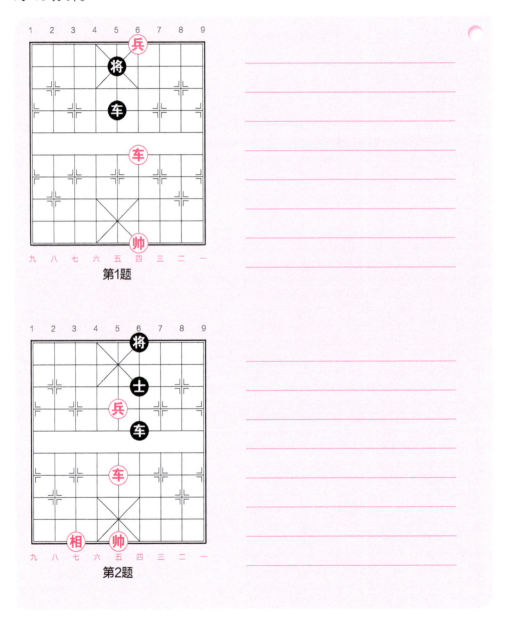

第1题

第2题

三、残局拓展练习

下面两则残局都由红方先行,请写出推演过程及结果。总用时 10 分钟。

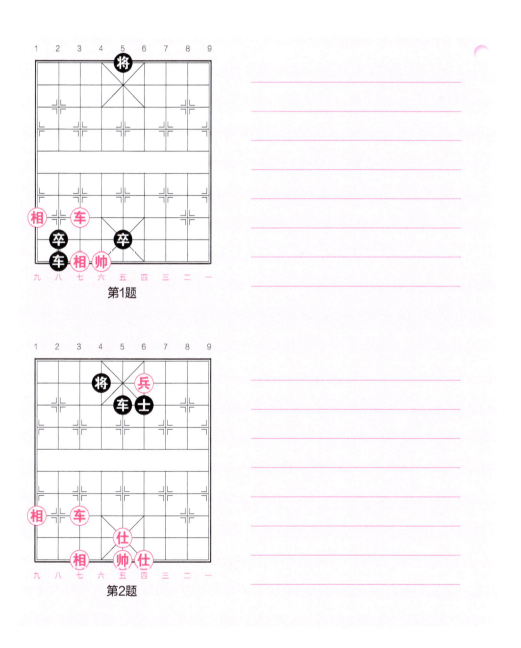

第1题

第2题

四、中局练习

下面两则中局都是红方先行,请根据问题提示,写出对弈的过程。总用时12分钟。

第1题:红方如何得子占优?

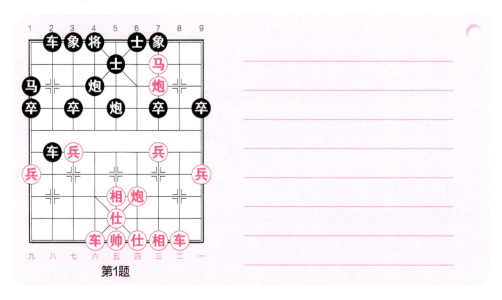

第2题:红方如何成功谋子?

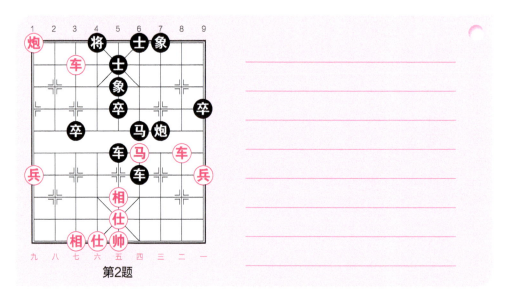

五、布局练习

下图是中炮直横车对屏风马两头蛇布局 12 回合后形成的局面。请根据提示，在空白处写出对应的着法，最终形成如图的局面。用时 12 分钟。

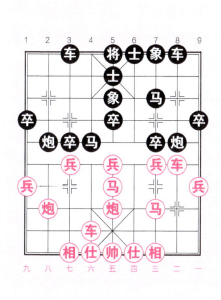

① 炮二平五　_____
② 马二进三　_____
③ _____　卒7进1
④ 车二进六　_____
⑤ 马八进七　_____
⑥ 车九进一　_____
⑦ _____　象3进5
⑧ 兵三进一　_____
⑨ 兵七进一　_____
⑩ _____　士4进5
⑪ 兵五进一　_____
⑫ _____　马3进4

六、记忆力练习

请根据提示着法，在下面的空白棋盘中画出最终的结果图。用时 16 分钟。

① 相三进五　炮2平4
② 车九进一　马2进3
③ 车九平六　马8进7
④ 马八进九　车1平2
⑤ 兵九进一　车2进4
⑥ 车六进三　车2平6
⑦ 马九进八　卒3进1
⑧ 马二进一　卒7进1
⑨ 兵一进一　车6退2
⑩ 马一进二　炮8进5

⑪ 炮八平二　士6进5　　⑫ 仕四进五　车6进6
⑬ 车一平四　车6平8　　⑭ 炮二平一　车9平8
⑮ 马二进四　象7进5　　⑯ 马八进七　后车平6
⑰ 马四进三　车6进9　　⑱ 仕五退四　炮4平7
⑲ 兵七进一　车8退5　　⑳ 兵七进一　象5进3
㉑ 车六平七　象3进5　　㉒ 炮一退一　车8平6
㉓ 兵三进一　卒7进1　　㉔ 车七平三　炮7平9
㉕ 兵五进一　车6平8　　㉖ 兵五进一　卒5进1
㉗ 马七退五　炮9平6　　㉘ 车三平六　炮6平7
㉙ 炮一平七　马3进5　　㉚ 车六进二　炮7进1
㉛ 马五进三　车8平7

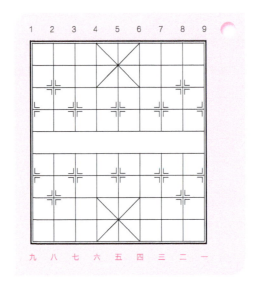

第17天训练

一、杀法练习

以下各题都是红方先行,请把答案写在下面的横线上。总用时 12 分钟。

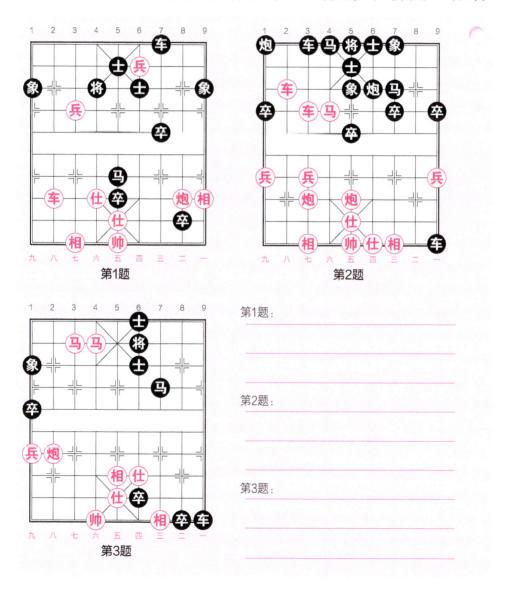

第1题:

第2题:

第3题:

二、残局练习

下面两则残局都是红方先行，请先写出结果，再写出对弈的过程。总用时 10 分钟。

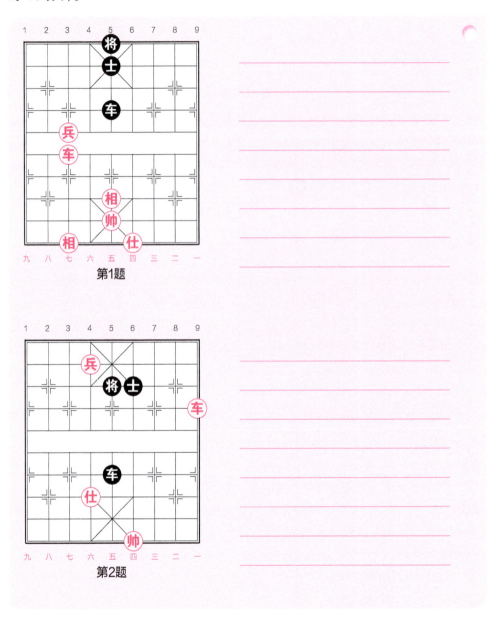

第1题

第2题

三、残局拓展练习

下面两则残局都由红方先行，请写出推演过程及结果。总用时 10 分钟。

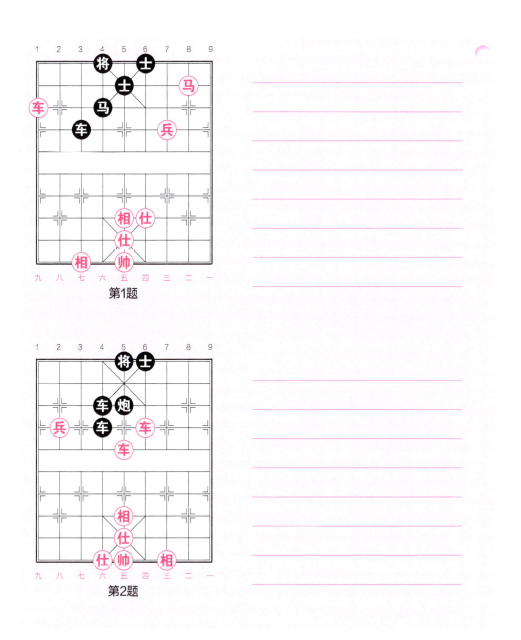

四、中局练习

下面两则中局都是红方先行,请根据问题提示,写出对弈的过程。总用时 12 分钟。

第 1 题:红方如何得子占优?

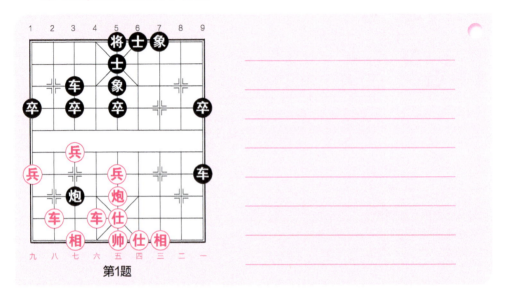

第1题

第 2 题:红方如何扩大优势?

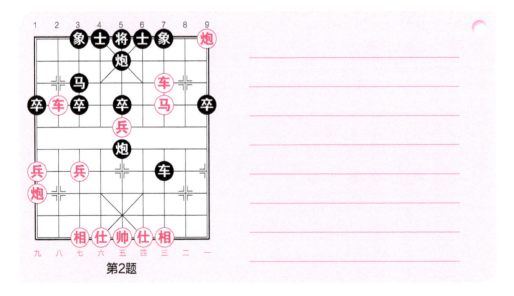

第2题

五、布局练习

下图是中炮直横车对屏风马两头蛇布局 12 回合后形成的局面。请根据提示，在空白处写出对应的着法，最终形成如图的局面。用时 12 分钟。

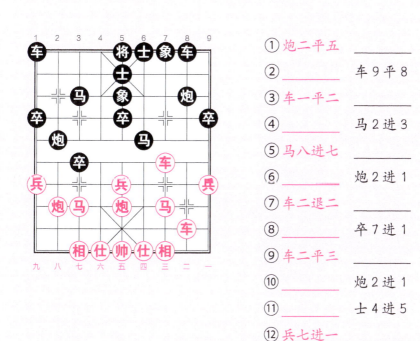

① 炮二平五 _____
② _____ 车 9 平 8
③ 车一平二 _____
④ _____ 马 2 进 3
⑤ 马八进七 _____
⑥ _____ 炮 2 进 1
⑦ 车二退二 _____
⑧ _____ 卒 7 进 1
⑨ 车二平三 _____
⑩ _____ 炮 2 进 1
⑪ _____ 士 4 进 5
⑫ 兵七进一 _____

六、记忆力练习

请根据提示着法，在下面的空白棋盘中画出最终的结果图。用时 16 分钟。

① 炮二平五　马 8 进 7　　② 马二进三　车 9 平 8
③ 车一平二　马 2 进 3　　④ 兵三进一　卒 3 进 1
⑤ 马八进九　卒 1 进 1　　⑥ 车九进一　卒 1 进 1
⑦ 兵九进一　车 1 进 5　　⑧ 车九平六　象 7 进 5
⑨ 车六进七　炮 8 进 4　　⑩ 炮八平七　炮 2 平 1

⑪ 炮五平六　士4进5　　　⑫ 相三进五　马3进2
⑬ 仕四进五　炮8退5　　　⑭ 车六退五　炮8进6
⑮ 车六进五　炮1进5　　　⑯ 相七进九　马2进1
⑰ 炮七平八　车1平2　　　⑱ 车六平九　车2进2
⑲ 车九退五　炮8平5　　　⑳ 帅五平四　车8进9
㉑ 马三退二　车2平1　　　㉒ 车九退一　炮5平1
㉓ 帅四进一　马7退9　　　㉔ 炮六平二　炮1退3
㉕ 炮二平一　马9进8　　　㉖ 炮一进四　马8进7
㉗ 马二进三　卒7进1　　　㉘ 马三进四　马7进8
㉙ 帅四进一　卒5进1　　　㉚ 帅四平五　马8退6
㉛ 仕五进四　炮1进2　　　㉜ 炮一平五　卒5进1

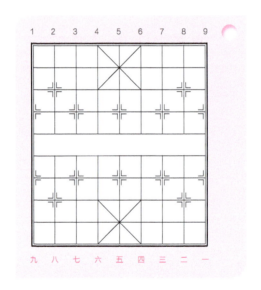

第18天训练

一、杀法练习

以下各题都是红方先行,请把答案写在下面的横线上。总用时 12 分钟。

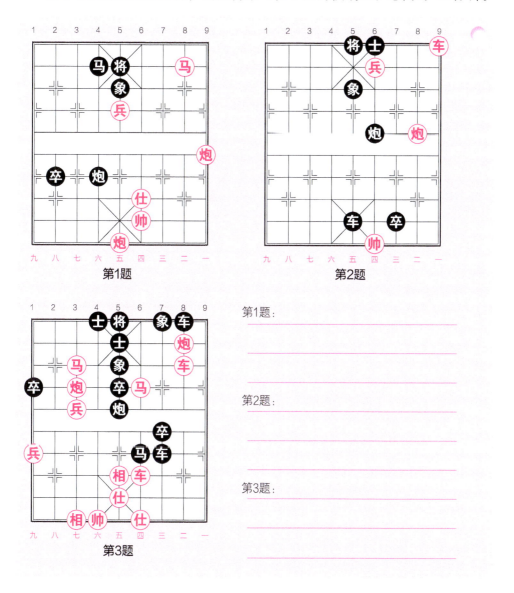

第1题:

第2题:

第3题:

二、残局练习

下面两则残局都是红方先行，请先写出结果，再写出对弈的过程。总用时 10 分钟。

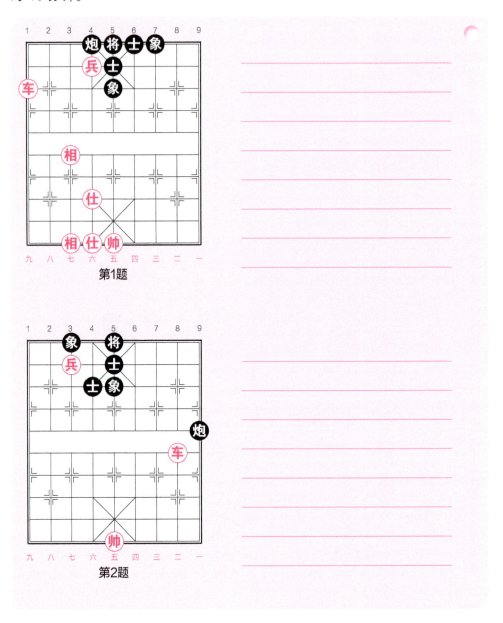

第1题

第2题

三、残局拓展练习

下面两则残局都由红方先行,请写出推演过程及结果。总用时 10 分钟。

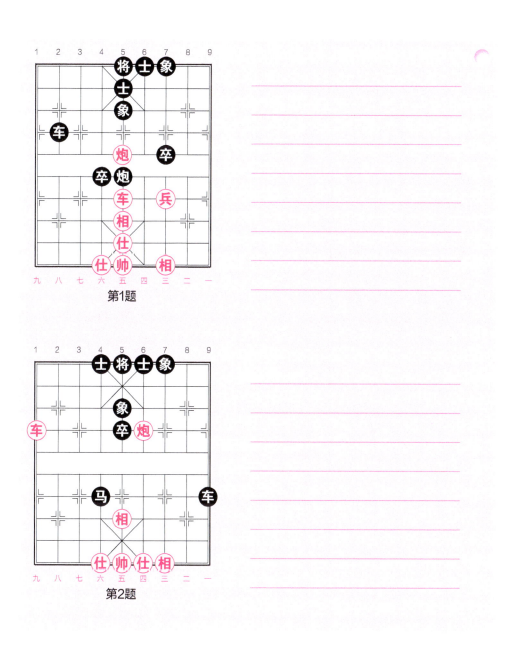

第1题

第2题

四、中局练习

下面两则中局都是红方先行,请根据问题提示,写出对弈的过程。总用时 12 分钟。

第 1 题:红方如何确立优势?

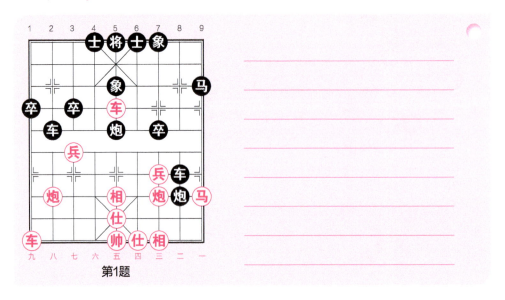

第1题

第 2 题:红方如何确立优势?

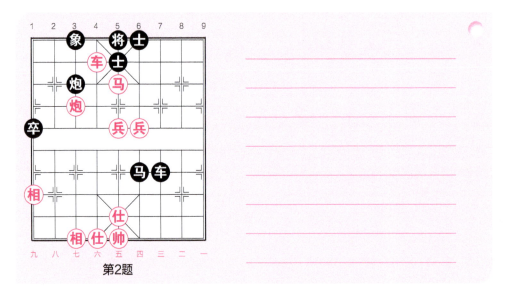

第2题

五、布局练习

下图是中炮直横车对屏风马两头蛇布局 12 回合后形成的局面。请根据提示，在空白处写出对应的着法，最终形成如图的局面。用时 12 分钟。

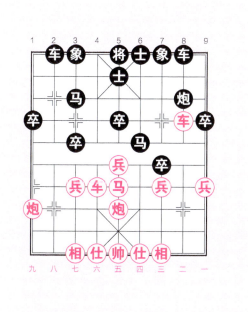

① 炮二平五 _____
② 马二进三 _____
③ 车一平二 _____
④ 车二进六 _____
⑤ _____ 卒 3 进 1
⑥ 车九进一 _____
⑦ _____ 炮 2 平 1
⑧ _____ 车 1 平 2
⑨ 马三进五 _____
⑩ _____ 炮 1 平 5
⑪ 马七进五 _____
⑫ 车六进二 _____

六、记忆力练习

请根据提示着法，在下面的空白棋盘中画出最终的结果图。用时 16 分钟。

① 兵七进一　卒 7 进 1
② 马八进七　马 8 进 7
③ 炮二平五　车 9 平 8
④ 马二进三　马 2 进 3
⑤ 车一进一　象 3 进 5
⑥ 车一平四　炮 2 进 4
⑦ 兵五进一　士 4 进 5
⑧ 炮八平九　车 1 平 2
⑨ 车九平八　炮 8 平 9
⑩ 兵九进一　马 7 进 8

⑪ 车四进二　炮2进2　　⑫ 仕六进五　炮9平7
⑬ 马七进六　炮2退1　　⑭ 兵五进一　卒5进1
⑮ 马六进七　卒5进1　　⑯ 车四进五　象5退3
⑰ 马七退五　马8进7　　⑱ 马五进六　将5平4
⑲ 炮五平六　卒5平4　　⑳ 马六退五　将4平5
㉑ 车四退五　象7进5　　㉒ 兵七进一　车8进3
㉓ 炮六平五　卒4平5　　㉔ 兵七进一　炮2平7
㉕ 车八进九　马3退2　　㉖ 炮九平三　马2进1
㉗ 兵七进一　马1进3　　㉘ 兵七进一　卒5进1
㉙ 车四平五　马7进5　　㉚ 车五退一　炮7进5
㉛ 马五进七　车8平3　　㉜ 车五平三　车3进6
㉝ 仕五退六　车3退8

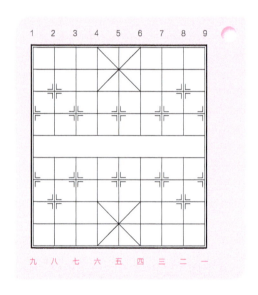

第19天训练

一、杀法练习

以下各题都是红方先行，请把答案写在下面的横线上。总用时 12 分钟。

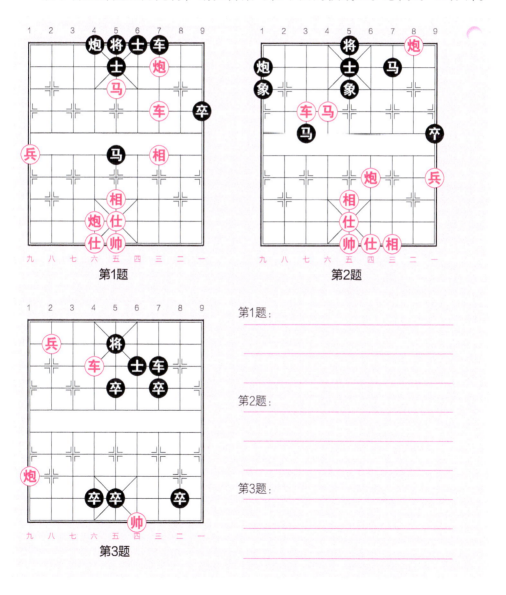

第1题：

_____

_____

第2题：

_____

_____

第3题：

_____

_____

二、残局练习

下面两则残局都是红方先行,请先写出结果,再写出对弈的过程。总用时 10 分钟。

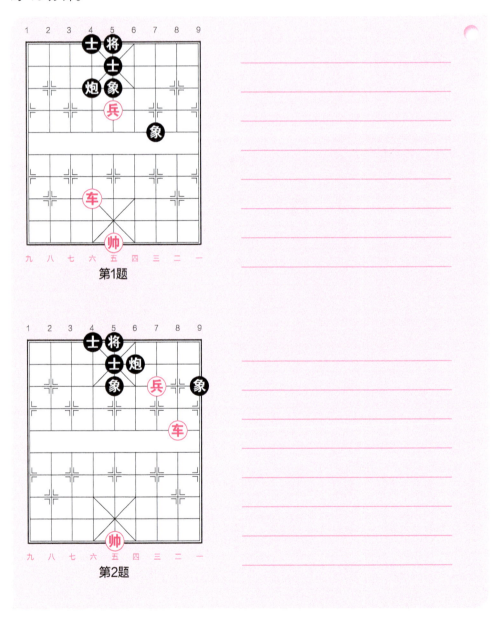

第1题

第2题

三、残局拓展练习

下面两则残局都由红方先行,请写出推演过程及结果。总用时 10 分钟。

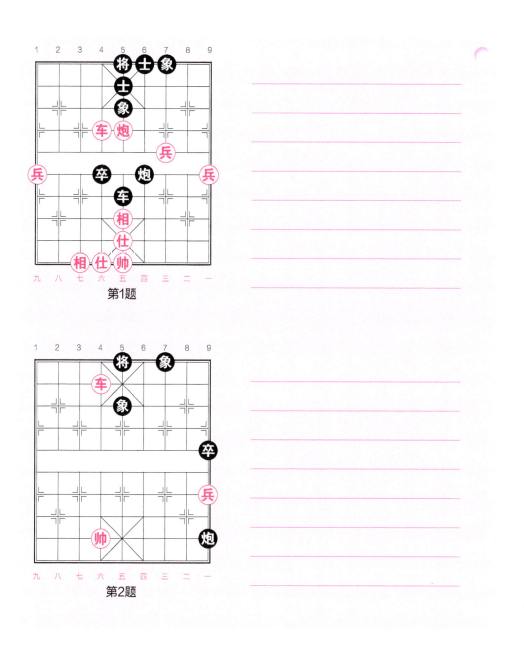

第1题

第2题

四、中局练习

下面两则中局都是红方先行，请根据问题提示，写出对弈的过程。总用时 12 分钟。

第 1 题：红方如何确立胜势？

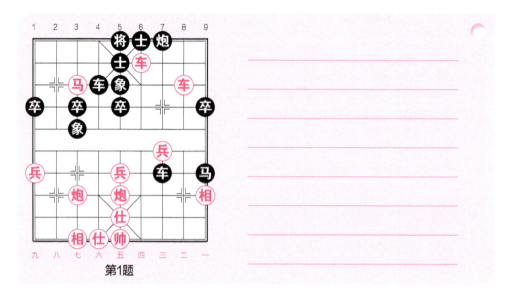

第1题

第 2 题：红方如何成杀？

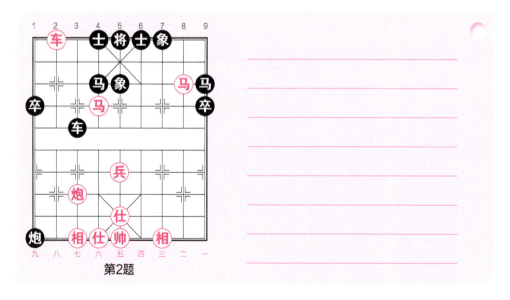

第2题

五、布局练习

下图是中炮直横车对屏风马两头蛇布局 12 回合后形成的局面。请根据提示，在空白处写出对应的着法，最终形成如图的局面。用时 12 分钟。

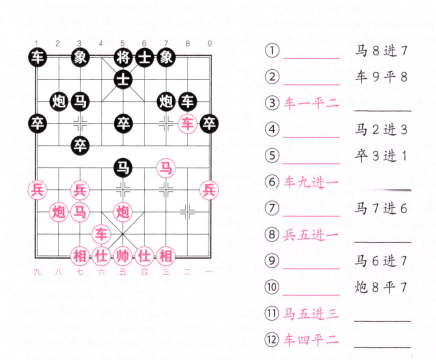

① _____　马 8 进 7
② _____　车 9 平 8
③ 车一平二　_____
④ _____　马 2 进 3
⑤ _____　卒 3 进 1
⑥ 车九进一　_____
⑦ _____　马 7 进 6
⑧ 兵五进一　_____
⑨ _____　马 6 进 7
⑩ _____　炮 8 平 7
⑪ 马五进三　_____
⑫ 车四平二　_____

六、记忆力练习

请根据提示着法，在下面的空白棋盘中画出最终的结果图。用时 16 分钟。

① 炮二平五　马 8 进 7　　② 马二进三　车 9 平 8
③ 车一平二　卒 7 进 1　　④ 车二进六　卒 3 进 1
⑤ 马八进七　马 2 进 3　　⑥ 车九进一　象 3 进 5
⑦ 车九平六　马 7 进 6　　⑧ 兵五进一　卒 7 进 1
⑨ 车二平四　卒 7 进 1　　⑩ 兵五进一　卒 7 进 1

⑪ 兵五进一　士4进5　　⑫ 车四退一　炮8平7
⑬ 相三进一　车8进6　　⑭ 兵五平六　车8平3
⑮ 车六平四　炮2退2　　⑯ 马七退五　车3平4
⑰ 炮八平三　将5平4　　⑱ 马五进七　炮7平6
⑲ 前车平五　车4退3　　⑳ 仕四进五　炮2平3
㉑ 炮五进五　车4退1　　㉒ 炮五退一　车4平5
㉓ 炮三平五　车1平2　　㉔ 相七进九　卒3进1
㉕ 相九进七　车2进6　　㉖ 车四进三　车2平4
㉗ 车四平六　车5平4　　㉘ 车六进三　车4退4
㉙ 前炮平三　炮6平5　　㉚ 炮五平三　将4进1
㉛ 前炮退二　炮3平5　　㉜ 前炮平六　车4进3
㉝ 马七进六　士5进4　　㉞ 马六进五

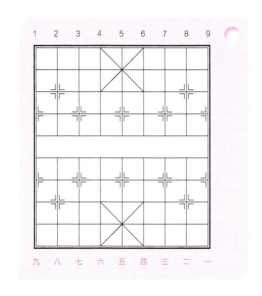

第20天训练

一、杀法练习

以下各题都是红方先行，请把答案写在下面的横线上。总用时12分钟。

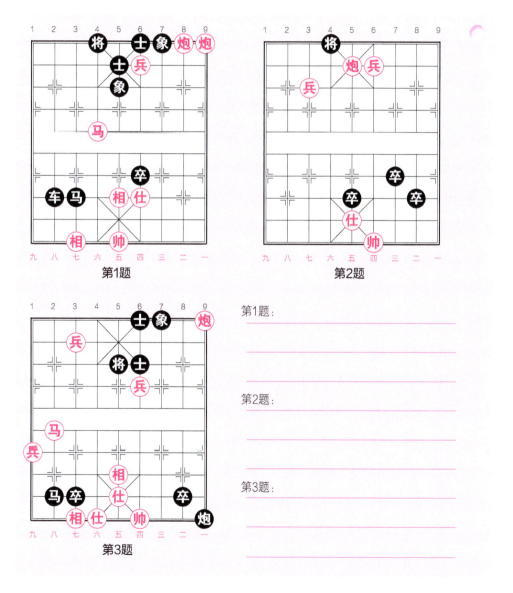

第1题：

第2题：

第3题：

二、残局练习

下面两则残局都是红方先行,请先写出结果,再写出对弈的过程。总用时10分钟。

第1题

第2题

三、残局拓展练习

下面两则残局都由红方先行，请写出推演过程及结果。总用时 10 分钟。

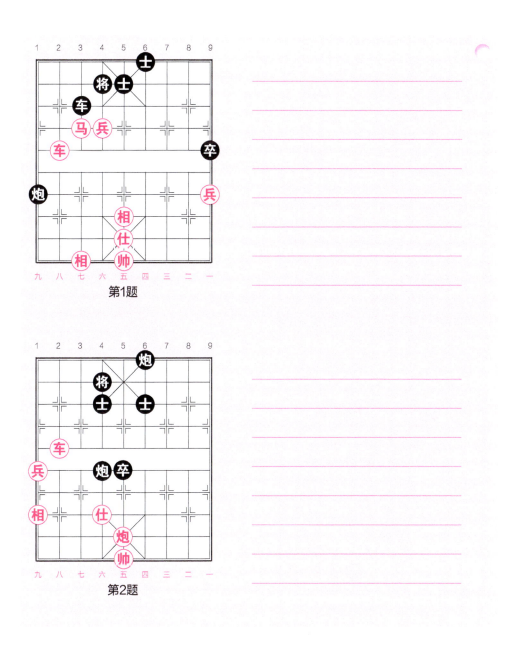

四、中局练习

下面两则中局都是红方先行,请根据问题提示,写出对弈的过程。总用时12分钟。

第1题:红方如何确立胜势?

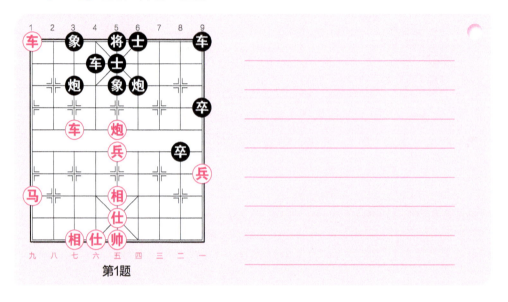

第1题

第2题:红方如何确立胜势?

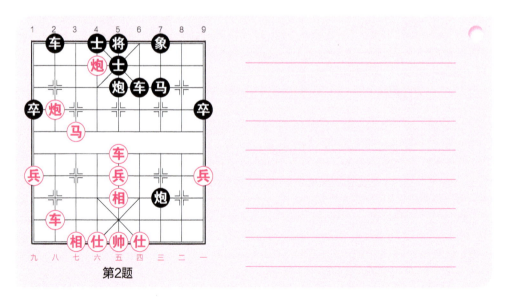

第2题

五、布局练习

下图是飞相对左过宫炮布局 12 回合后形成的局面。请根据提示，在空白处写出对应的着法，最终形成如图的局面。用时 12 分钟。

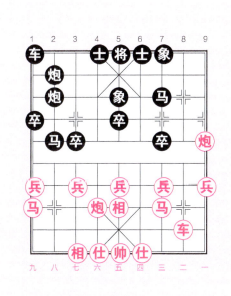

① 相三进五 ＿＿＿＿
② 马二进三 ＿＿＿＿
③ ＿＿＿＿ 卒 7 进 1
④ ＿＿＿＿ 马 2 进 3
⑤ 马八进九 ＿＿＿＿
⑥ 炮八平六 ＿＿＿＿
⑦ ＿＿＿＿ 车 9 平 8
⑧ 车二进五 ＿＿＿＿
⑨ ＿＿＿＿ 炮 2 退 1
⑩ 炮一退一 ＿＿＿＿
⑪ ＿＿＿＿ 象 3 进 5
⑫ 车九平二 ＿＿＿＿

六、记忆力练习

请根据提示着法，在下面的空白棋盘中画出最终的结果图。用时 16 分钟。

① 相三进五　炮 2 平 4　　② 兵七进一　马 2 进 1
③ 马八进七　车 1 平 2　　④ 车九平八　车 2 进 4
⑤ 炮八平九　车 2 平 4　　⑥ 兵三进一　卒 7 进 1
⑦ 马二进四　象 7 进 5　　⑧ 车一平三　炮 8 平 7
⑨ 车八进三　士 6 进 5　　⑩ 兵五进一　卒 1 进 1

⑪ 马四进五　马8进6　⑫ 炮二平三　车9平8
⑬ 兵三进一　车4平7　⑭ 马五进三　车7平6
⑮ 仕六进五　象5进7　⑯ 兵五进一　卒5进1
⑰ 马三退五　车6退2　⑱ 炮三进五　车6平7
⑲ 马五进四　车7进1　⑳ 车八平五　炮4平9
㉑ 车五进二　炮9进4　㉒ 马四退五　象7退5
㉓ 马五进三　车8进6　㉔ 车三平一　炮9平1
㉕ 车五平九　炮1平2　㉖ 炮九进五　象3进1
㉗ 车九进二　车8平3　㉘ 车九平八　车3进1
㉙ 车八退四　卒3进1　㉚ 车八平五　车7退1
㉛ 车一平二　卒3进1　㉜ 车二进八　马6进8
㉝ 马三进四　车3退1　㉞ 车二进一　车7退2
㉟ 车二平三　象5退7

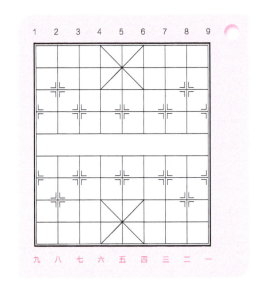

第21天训练

一、杀法练习

以下各题都是红方先行，请把答案写在下面的横线上。总用时 12 分钟。

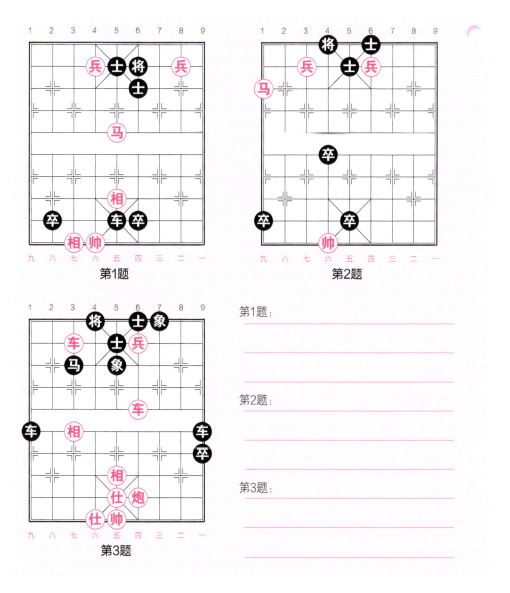

第1题：

第2题：

第3题：

二、残局练习

下面两则残局都是红方先行,请先写出结果,再写出对弈的过程。总用时 10 分钟。

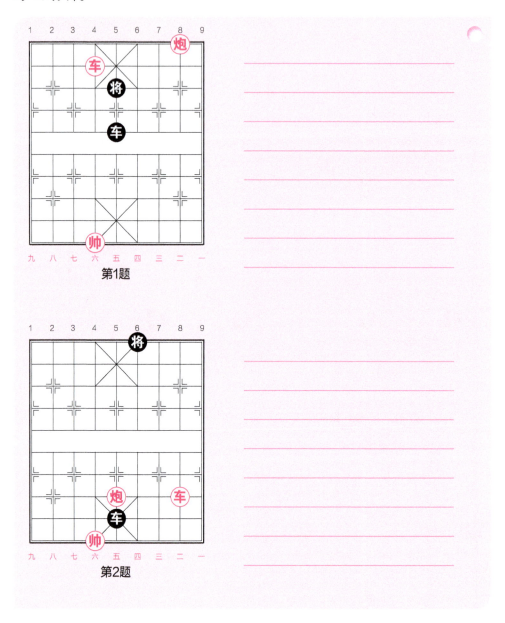

三、残局拓展练习

下面两则残局都由红方先行,请写出推演过程及结果。总用时 10 分钟。

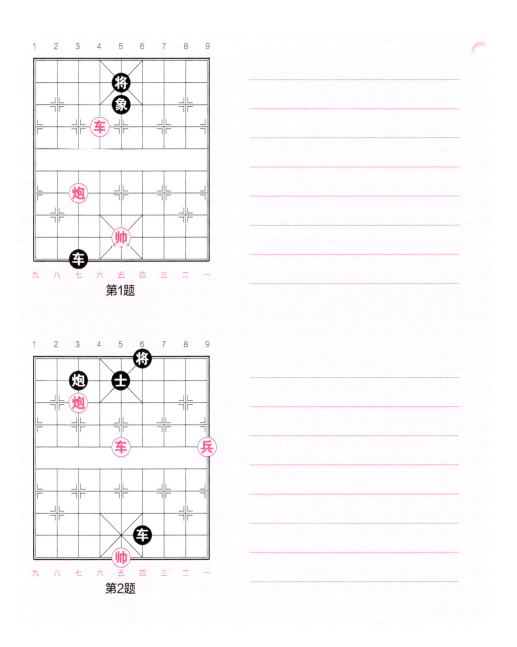

第1题

第2题

四、中局练习

下面两则中局都是红方先行,请根据问题提示,写出对弈的过程。总用时 12 分钟。

第 1 题:红方有得子的办法吗?

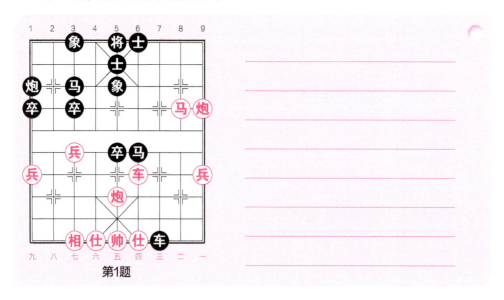

第1题

第 2 题:红方有得子的办法吗?

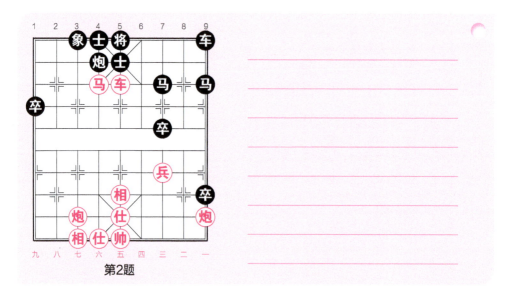

第2题

五、布局练习

下图是飞相对左过宫炮布局 12 回合后形成的局面。请根据提示，在空白处写出对应的着法，最终形成如图的局面。用时 12 分钟。

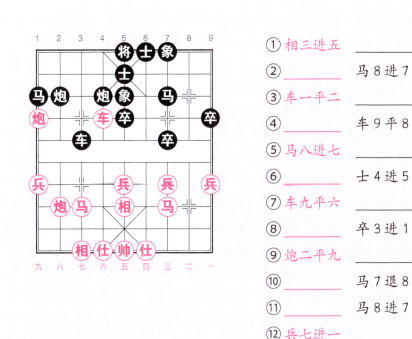

① 相三进五　_____
② _____　马 8 进 7
③ 车一平二　_____
④ _____　车 9 平 8
⑤ 马八进七　_____
⑥ _____　士 4 进 5
⑦ 车九平六　_____
⑧ _____　卒 3 进 1
⑨ 炮二平九　_____
⑩ _____　马 7 退 8
⑪ _____　马 8 进 7
⑫ 兵七进一　_____

六、记忆力练习

请根据提示着法，在下面的空白棋盘中画出最终的结果图。用时 16 分钟。

① 兵七进一　炮 2 平 3　　② 炮二平五　象 3 进 5
③ 炮五进四　士 4 进 5　　④ 相七进五　马 2 进 4
⑤ 炮五退一　车 1 平 2　　⑥ 马八进六　车 9 进 1
⑦ 马二进三　车 9 平 6　　⑧ 兵三进一　车 2 进 4
⑨ 兵五进一　车 6 进 5　　⑩ 车一进一　马 8 进 7

⑪ 车九平八　车6平1　　⑫ 炮八平七　车2进5
⑬ 马六退八　车1平2　　⑭ 马八进六　车2平4
⑮ 马六进五　炮3进3　　⑯ 车一平二　炮8平9
⑰ 车二平九　马7进5　　⑱ 车九进五　马4进2
⑲ 车九平八　炮3进1　　⑳ 炮七进四　车4退3
㉑ 炮五平九　马5进4　　㉒ 炮九进一　马4退3
㉓ 马五进七　车4进3　　㉔ 炮九平七　炮3退3
㉕ 车八平七　车4平7　　㉖ 马三退二　卒7进1
㉗ 兵三进一　马2进3　　㉘ 马二进一　车7退2
㉙ 兵五进一　卒9进1　　㉚ 车七平一　象5退3
㉛ 仕六进五　马3退4　　㉜ 车一平六　炮9进4
㉝ 兵五进一　炮9平8　　㉞ 马一进二　卒9进1
㉟ 马二退四　车7平6　　㊱ 马四退六　炮8退1

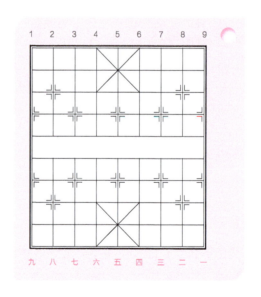

第22天训练

一、杀法练习

以下各题都是红方先行,请把答案写在下面的横线上。总用时12分钟。

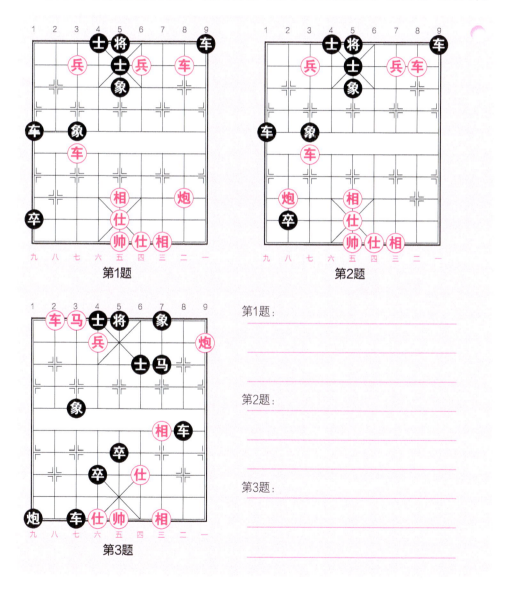

第1题

第2题

第3题

第1题：

第2题：

第3题：

二、残局练习

下面两则残局都是红方先行,请先写出结果,再写出对弈的过程。总用时 10 分钟。

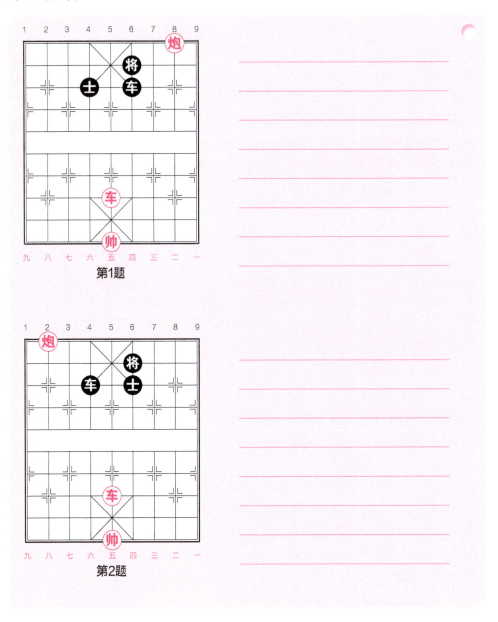

三、残局拓展练习

下面两则残局都由红方先行，请写出推演过程及结果。总用时 10 分钟。

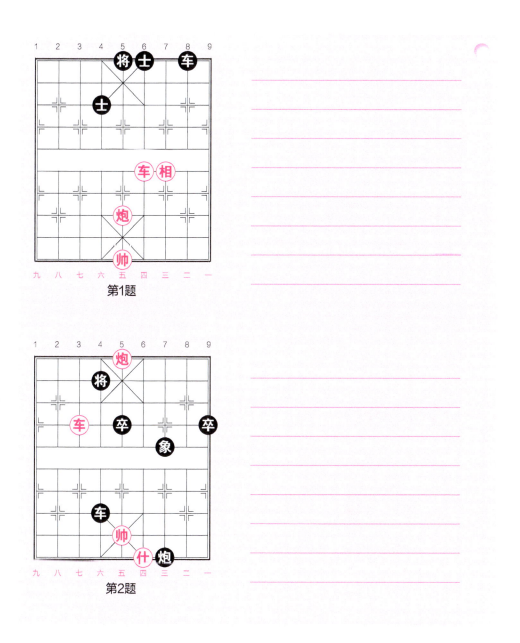

四、中局练习

下面两则中局都是红方先行,请根据问题提示,写出对弈的过程。总用时 12 分钟。

第 1 题:红方如何确立优势?

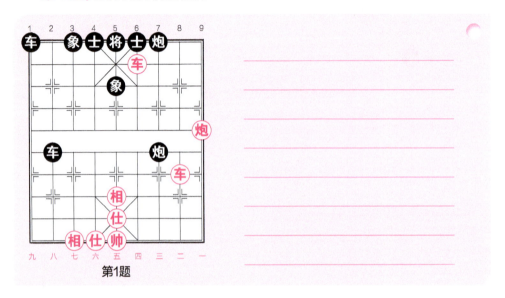

第1题

第 2 题:红方如何成功谋子?

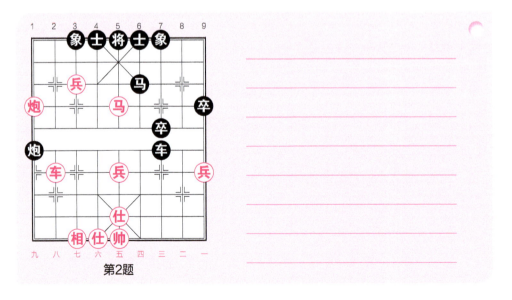

第2题

五、布局练习

下图是飞相对左过宫炮布局 12 回合后形成的局面。请根据提示，在空白处写出对应的着法，最终形成如图的局面。用时 12 分钟。

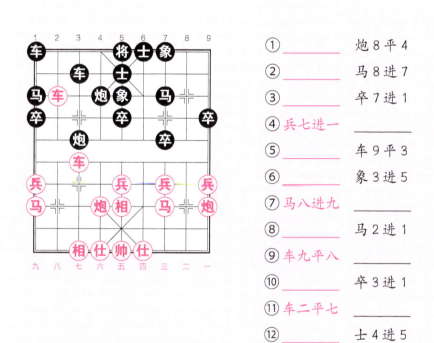

① _____   炮 8 平 4
② _____   马 8 进 7
③ _____   卒 7 进 1
④ 兵七进一 _____
⑤ _____   车 9 平 3
⑥ _____   象 3 进 5
⑦ 马八进九 _____
⑧ _____   马 2 进 1
⑨ 车九平八 _____
⑩ _____   卒 3 进 1
⑪ 车二平七 _____
⑫ _____   士 4 进 5

六、记忆力练习

请根据提示着法，在下面的空白棋盘中画出最终的结果图。用时 16 分钟。

① 兵七进一   卒 7 进 1
② 马八进七   马 8 进 7
③ 相三进五   马 2 进 1
④ 车九进一   象 7 进 5
⑤ 马二进四   车 1 进 1
⑥ 车一平三   车 1 平 6
⑦ 兵三进一   卒 7 进 1
⑧ 车三进四   马 7 进 8
⑨ 马七进六   炮 8 进 5
⑩ 马四进二   炮 2 进 3

⑪炮八平七　卒3进1　　⑫车九平八　卒3进1
⑬相五进七　马8进9　　⑭车三退一　炮2平4
⑮车三平一　车9平8　　⑯相七进五　炮4退2
⑰车八进五　炮4平3　　⑱炮七平九　车8进4
⑲马二进三　卒1进1　　⑳车八平九　炮3退2
㉑车九平五　马1进2　　㉒兵五进一　马2进3
㉓炮九退二　车8平7　　㉔车五退一　车7退1
㉕车一平六　炮3平5　　㉖车五平六　炮5进4
㉗仕六进五　士6进5　　㉘马三退一　马3进2
㉙后车平八　车6平8　　㉚车六退一　炮5退1
㉛车六平五　炮5平3　　㉜车五退一　马2退3
㉝炮九进五　车7平1　　㉞兵九进一　车8进2
㉟马一进三　车8平2　　㊱车八平七　炮3进2
㊲车五平七　车2进1

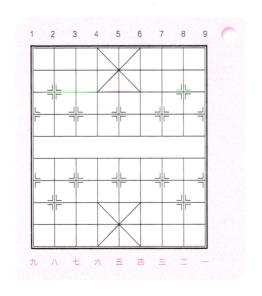

第23天训练

一、杀法练习

以下各题都是红方先行,请把答案写在下面的横线上。总用时 12 分钟。

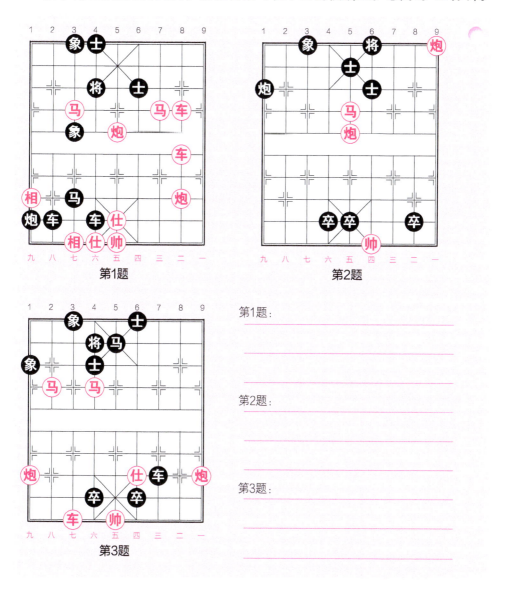

第1题:

第2题:

第3题:

二、残局练习

下面两则残局都是红方先行，请先写出结果，再写出对弈的过程。总用时 10 分钟。

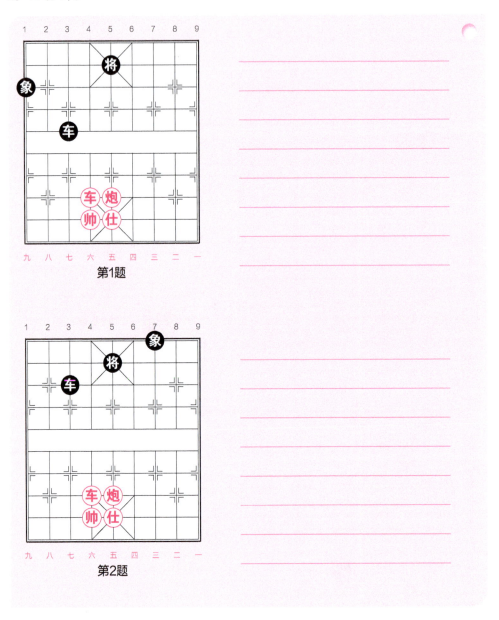

三、残局拓展练习

下面两则残局都由红方先行，请写出推演过程及结果。总用时 10 分钟。

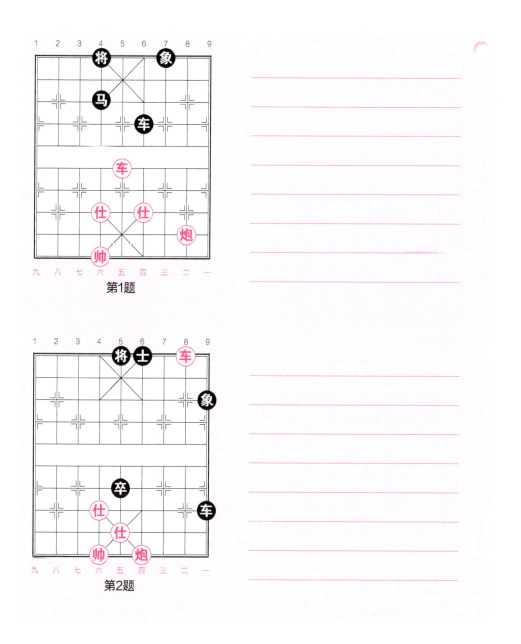

四、中局练习

下面两则中局都是红方先行,请根据问题提示,写出对弈的过程。总用时 12 分钟。

第 1 题:红方如何取得优势?

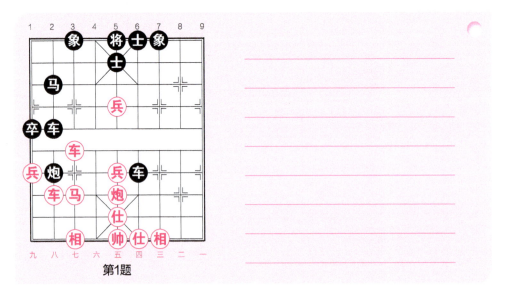

第1题

第 2 题:红方如何成功谋子?

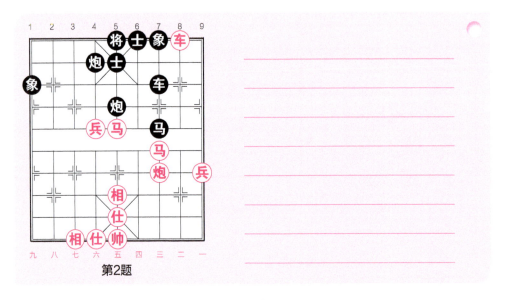

第2题

五、布局练习

下图是飞相对左过宫炮布局 12 回合后形成的局面。请根据提示，在空白处写出对应的着法，最终形成如图的局面。用时 12 分钟。

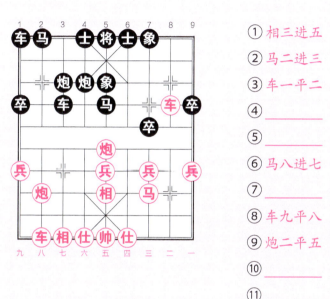

① 相三进五 _____
② 马二进三 _____
③ 车一平二 _____
④ _____ 炮 2 平 3
⑤ _____ 车 9 进 1
⑥ 马八进七 _____
⑦ _____ 车 9 平 2
⑧ 车九平八 _____
⑨ 炮二平五 _____
⑩ _____ 车 2 平 3
⑪ _____ 马 7 进 5
⑫ 车二进六 _____

六、记忆力练习

请根据提示着法，在下面的空白棋盘中画出最终的结果图。用时 16 分钟。

① 炮二平五　马 8 进 7
② 马二进三　车 9 平 8
③ 车一平二　马 2 进 3
④ 兵七进一　卒 7 进 1
⑤ 车二进六　炮 8 平 9
⑥ 车二平三　炮 9 退 1
⑦ 炮八平六　车 8 进 5
⑧ 马八进七　车 8 平 3
⑨ 车九平八　车 1 平 2
⑩ 车八进三　士 4 进 5

⑪ 兵五进一　车3退1　　⑫ 兵五进一　卒5进1
⑬ 车八进三　卒5进1　　⑭ 车三平七　车3退1
⑮ 车八平七　马3退4　　⑯ 马七进八　炮2平5
⑰ 马八进六　炮5进5　　⑱ 相七进五　马7进6
⑲ 车七平一　炮9进1　　⑳ 马六进八　车2进2
㉑ 炮六进三　马6进4　　㉒ 炮六平五　后马进5
㉓ 车一平六　车2平3　　㉔ 兵三进一　卒7进1
㉕ 相五进三　车3进1　　㉖ 车六平七　马4退3
㉗ 炮五进一　炮9平7　　㉘ 相三退五　炮7进4
㉙ 兵九进一　将5平4　　㉚ 仕四进五　马5进7
㉛ 炮五平六　马7进8　　㉜ 炮六退四　象3进5
㉝ 马八进七　马8进7　　㉞ 马七退六　卒5平4
㉟ 炮六平三　炮7平4　　㊱ 炮三进四　炮4退3
㊲ 炮三平七　炮4平5　　㊳ 炮七进二　炮5进2

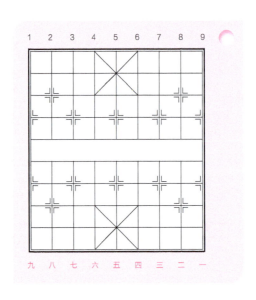

第24天训练

一、杀法练习

以下各题都是红方先行，请把答案写在下面的横线上。总用时12分钟。

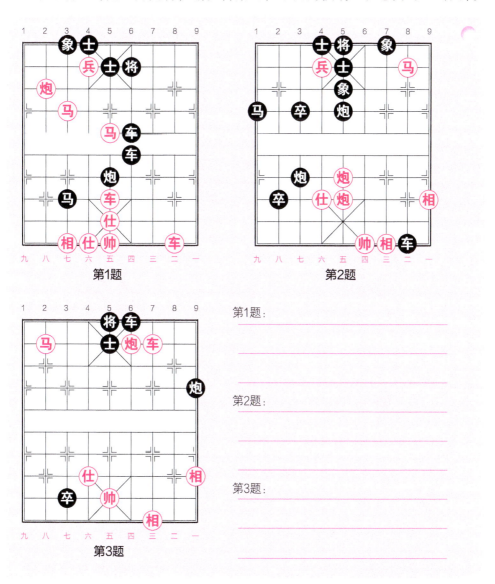

第1题：

第2题：

第3题：

二、残局练习

下面两则残局都是红方先行，请先写出结果，再写出对弈的过程。总用时 10 分钟。

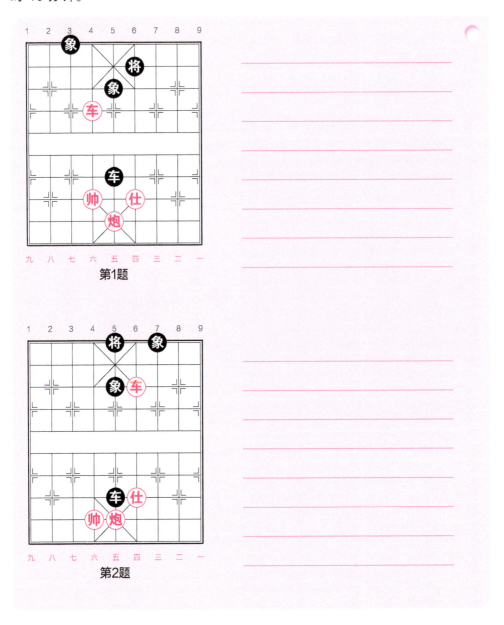

三、残局拓展练习

下面两则残局都由红方先行，请写出推演过程及结果。总用时 10 分钟。

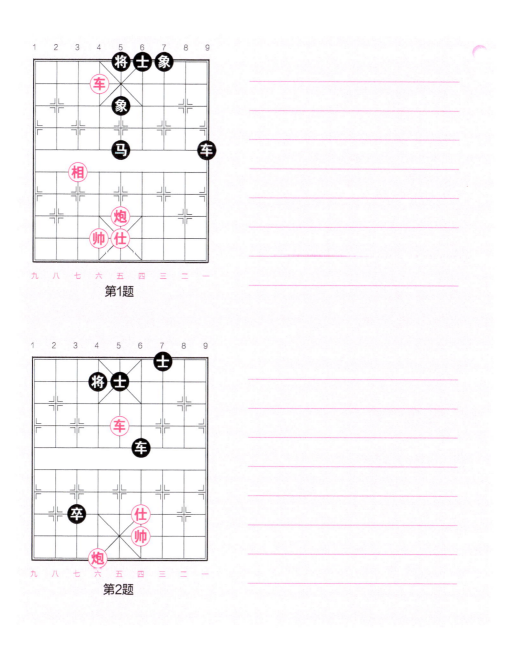

第1题

第2题

四、中局练习

下面两则中局都是红方先行,请根据问题提示,写出对弈的过程。总用时 12 分钟。

第 1 题:红方如何利用拦截战术扩大优势?

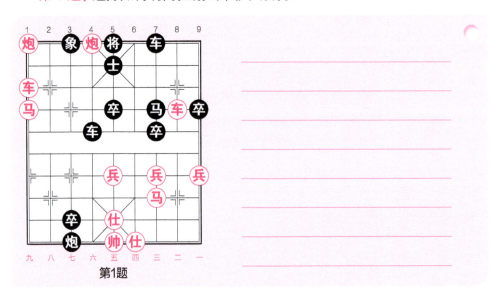

第1题

第 2 题:红方如何突破黑方防线扩大优势?

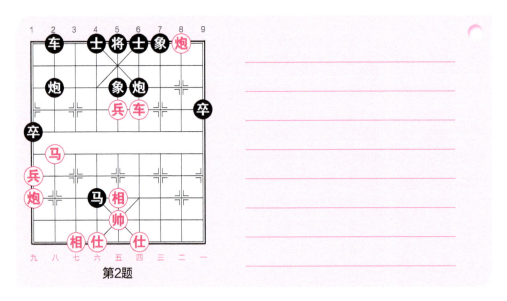

第2题

五、布局练习

下图是飞相对右士角炮布局 12 回合后形成的局面。请根据提示，在空白处写出对应的着法，最终形成如图的局面。用时 12 分钟。

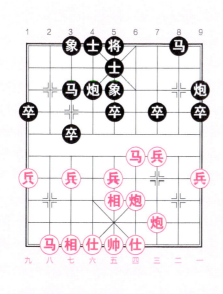

① 相三进五　_____
② 马八进七　_____
③ _____　马 2 进 3
④ _____　车 1 平 2
⑤ 马二进三　_____
⑥ 马三进四　_____
⑦ _____　象 7 进 5
⑧ 炮八平三　_____
⑨ _____　士 6 进 5
⑩ 炮二平四　_____
⑪ 车一平二　_____
⑫ _____　马 7 退 8

六、记忆力练习

请根据提示着法，在下面的空白棋盘中画出最终的结果图。用时 16 分钟。

① 炮二平六　马 8 进 7　　② 马二进三　车 9 平 8
③ 兵三进一　卒 3 进 1　　④ 车一平二　马 2 进 3
⑤ 相七进五　象 7 进 5　　⑥ 马八进九　卒 1 进 1
⑦ 兵七进一　卒 1 进 1　　⑧ 兵七进一　象 5 进 3
⑨ 炮八平七　马 3 进 2　　⑩ 兵九进一　象 3 退 5

⑪ 马九退七　车1平2　　　⑫ 炮六进一　炮8进6
⑬ 炮六平八　炮2进4　　　⑭ 炮七平八　车2平1
⑮ 炮八进三　炮2进1　　　⑯ 马三进四　车1进1
⑰ 车九平八　炮2平4　　　⑱ 炮八进四　车1平3
⑲ 马七进九　炮4退5　　　⑳ 马四进六　象5进3
㉑ 兵九进一　士6进5　　　㉒ 车八进六　炮4平6
㉓ 仕四进五　炮8退5　　　㉔ 马九进七　马7退9
㉕ 车二进二　车8平6　　　㉖ 车八进一　象3退5
㉗ 车八平五　车3平2　　　㉘ 炮八平九　车2退1
㉙ 车五平七　车2平1　　　㉚ 马六进八　炮6退1
㉛ 车七平一　马9退7　　　㉜ 车二进四　马7进6
㉝ 车二平三　马6退4　　　㉞ 兵九平八　炮6进1
㉟ 马七进六　车1进8　　　㊱ 马六进七　车1平4
㊲ 马七退五　炮6平2　　　㊳ 马五进六　炮2进2
㊴ 仕五进六

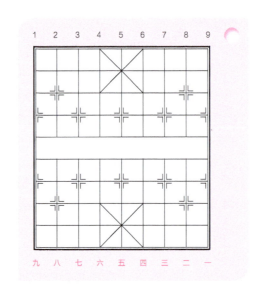

第25天训练

一、杀法练习

以下各题都是红方先行，请把答案写在下面的横线上。总用时 12 分钟。

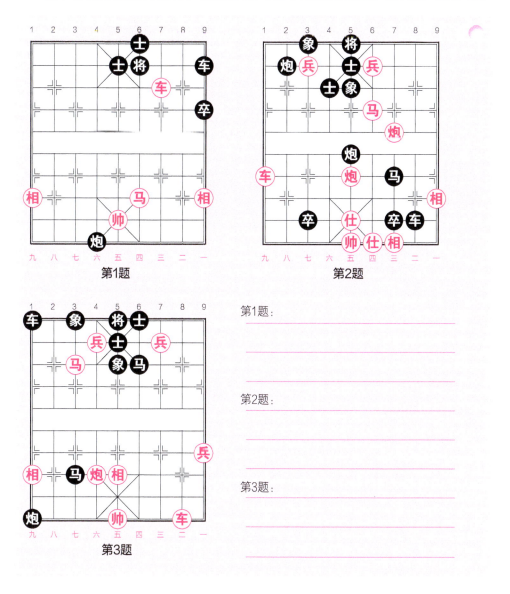

第1题：

第2题：

第3题：

二、残局练习

下面两则残局都是红方先行，请先写出结果，再写出对弈的过程。总用时 10 分钟。

第1题

第2题

三、残局拓展练习

下面两则残局都由红方先行,请写出推演过程及结果。总用时 10 分钟。

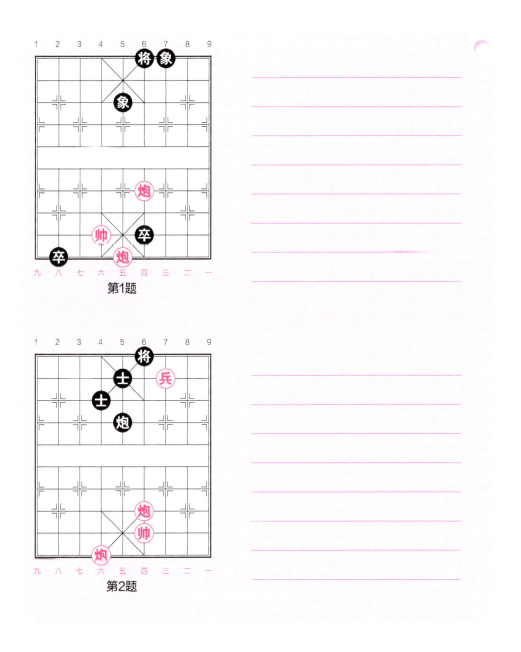

第1题

第2题

四、中局练习

下面两则中局都是红方先行,请根据问题提示,写出对弈的过程。总用时 12 分钟。

第 1 题:红方如何确立胜势?

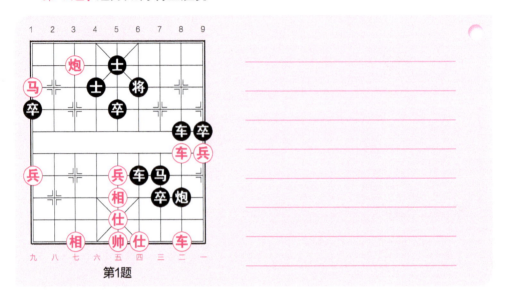

第1题

第 2 题:红方如何成功谋子?

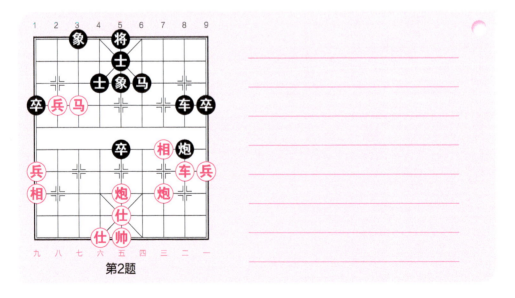

第2题

五、布局练习

下图是飞相对右士角布局 12 回合后形成的局面。请根据提示，在空白处写出对应的着法，最终形成如图的局面。用时 12 分钟。

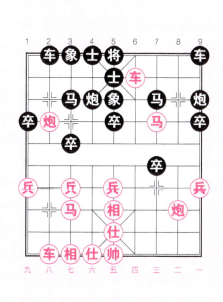

① 相三进五　_____
② 马八进七　_____
③ 车九平八　_____
④ 兵三进一　_____
⑤ _____　马 8 进 7
⑥ 炮八进四　_____
⑦ 仕四进五　_____
⑧ _____　炮 8 平 9
⑨ 车四进五　_____
⑩ 马三进二　_____
⑪ _____　卒 7 进 1
⑫ _____　士 6 进 5

六、记忆力练习

请根据提示着法，在下面的空白棋盘中画出最终的结果图。用时 16 分钟。

① 兵七进一　炮 2 平 3　　② 炮二平五　象 3 进 5
③ 马二进三　卒 3 进 1　　④ 车一平二　卒 3 进 1
⑤ 马八进九　车 9 进 1　　⑥ 车九平八　车 9 平 4
⑦ 炮五进四　士 4 进 5　　⑧ 炮五平一　马 8 进 9
⑨ 车二进四　卒 7 进 1　　⑩ 车二平七　车 4 进 2

⑪ 炮一退二　马2进4　　⑫ 仕六进五　车1平2
⑬ 相三进五　马9进8　　⑭ 炮一平二　车2进6
⑮ 炮八平六　车2进3　　⑯ 马九退八　马4进5
⑰ 马八进七　车4进3　　⑱ 马七进八　车4平1
⑲ 车七平五　马5进3　　⑳ 马八进六　车1平4
㉑ 马六进四　炮3退1　　㉒ 车五平八　炮8进3
㉓ 车八平二　马8退9　　㉔ 车二平八　马3进2
㉕ 炮六平八　炮3进6　　㉖ 相五退三　炮3进1
㉗ 车八进五　士5退4　　㉘ 马四进六　车4退4
㉙ 车八退六　炮3退7　　㉚ 相七进五　车4进3
㉛ 兵五进一　车4平5　　㉜ 马三进五　车5退2
㉝ 马五进六　炮3进3　　㉞ 车八平四　士4进5
㉟ 炮八平六　马9退7　　㊱ 兵一进一　马7进8
㊲ 兵一进一　卒7进1　　㊳ 兵三进一　马8进7
㊴ 车四平八　马7退9　　㊵ 马六进七　士5进4

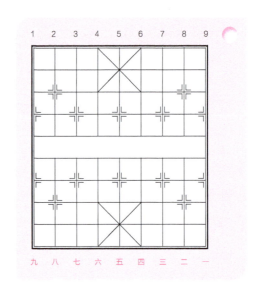

第26天训练

一、杀法练习

以下各题都是红方先行，请把答案写在下面的横线上。总用时12分钟。

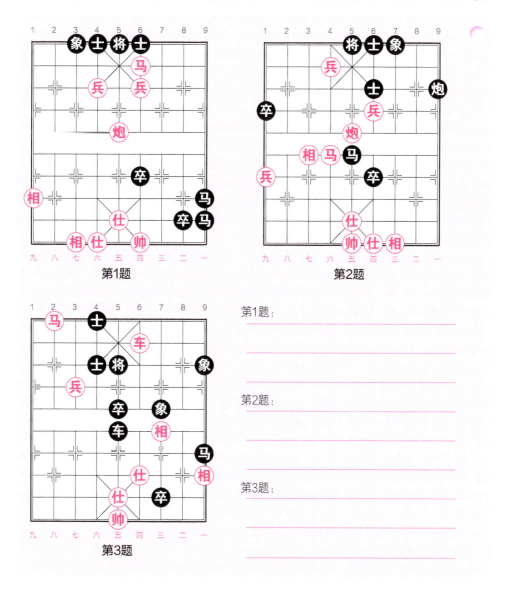

第1题：

第2题：

第3题：

二、残局练习

下面两则残局都是红方先行,请先写出结果,再写出对弈的过程。总用时 10 分钟。

第1题

第2题

三、残局拓展练习

下面两则残局都由红方先行,请写出推演过程及结果。总用时 10 分钟。

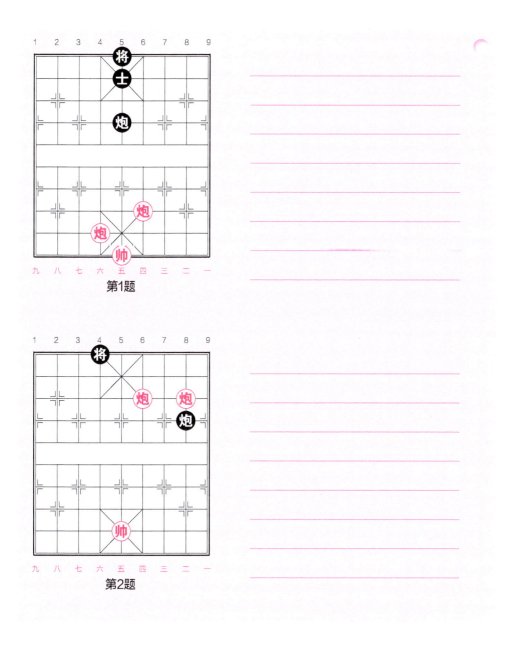

第1题

第2题

四、中局练习

下面两则中局都是红方先行,请根据问题提示,写出对弈的过程。总用时 12 分钟。

第 1 题:红方如何转化可简明确立胜势?

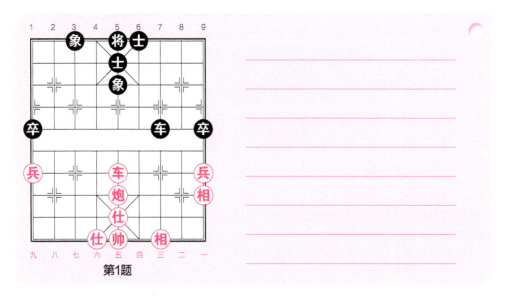

第1题

第 2 题:红方如何利用兑子战术确立胜势?

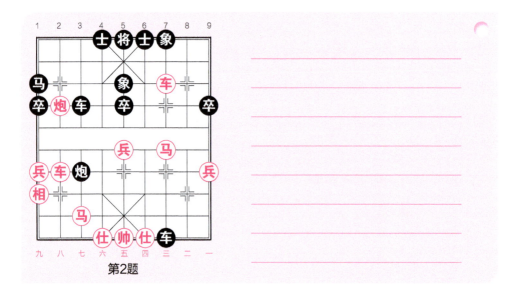

第2题

五、布局练习

下图是飞相对右士角炮布局 12 回合后形成的局面。请根据提示，在空白处写出对应的着法，最终形成如图的局面。用时 12 分钟。

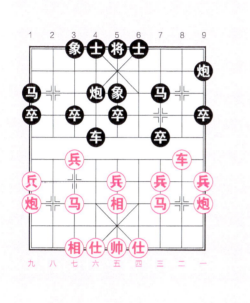

① 相三进五　_____
② 兵七进一　_____
③ 马八进七　_____
④ _____　车 2 进 4
⑤ 炮八平九　_____
⑥ _____　卒 7 进 1
⑦ _____　马 8 进 7
⑧ 车一平二　_____
⑨ _____　象 7 进 5
⑩ _____　炮 8 平 9
⑪ 车八平二　_____
⑫ _____　炮 9 退 1

六、记忆力练习

请根据提示着法，在下面的空白棋盘中画出最终的结果图。用时 16 分钟。

① 相三进五　炮 2 平 4　　② 兵七进一　马 2 进 1
③ 马八进七　车 1 平 2　　④ 车九平八　炮 8 平 5
⑤ 炮八进四　马 8 进 7　　⑥ 马二进一　车 9 平 8
⑦ 车一平二　车 8 进 6　　⑧ 炮二平三　车 8 平 9
⑨ 车二进八　车 9 进 1　　⑩ 炮三进四　士 6 进 5

⑪ 炮三进三　炮4退1　　⑫ 车二退二　马7退9
⑬ 车二进三　马9退7　　⑭ 炮八平五　车9平6
⑮ 车八进九　马1退2　　⑯ 车二平三　车6退7
⑰ 车三退三　卒9进1　　⑱ 仕六进五　马2进1
⑲ 兵三进一　卒1进1　　⑳ 马七进六　车6进1
㉑ 车三进三　车6退1　　㉒ 车三退四　卒9进1
㉓ 车三平一　炮4进1　　㉔ 兵三进一　车6平7
㉕ 兵三进一　将5平6　　㉖ 车一平三　士5进6
㉗ 马六进四　士4进5　　㉘ 炮五退二　卒9平8
㉙ 车三平一　炮4退2　　㉚ 马四退二　马1退3
㉛ 车一平六　炮5平4　　㉜ 车六平九　炮4平2
㉝ 车九平六　炮2进1　　㉞ 车六进三　马3进1
㉟ 炮五平三　车7平8　　㊱ 炮三平四　将6平5
㊲ 炮四平五　将5平6　　㊳ 马二进四　车8平7
㊴ 兵三进一　炮2退3　　㊵ 炮五平三　车7平9
㊶ 炮三平四

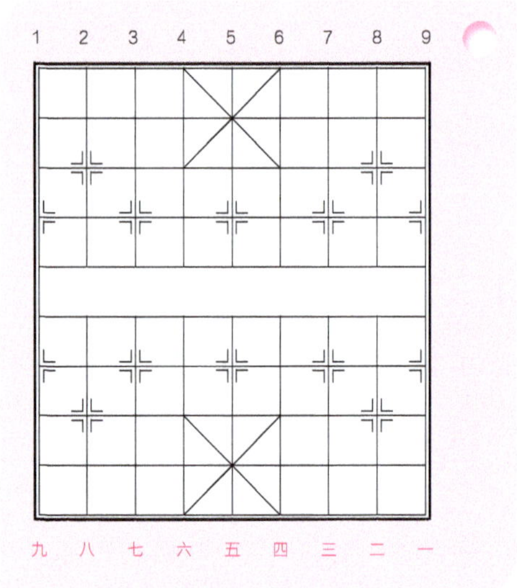

第27天训练

一、杀法练习

以下各题都是红方先行，请把答案写在下面的横线上。总用时12分钟。

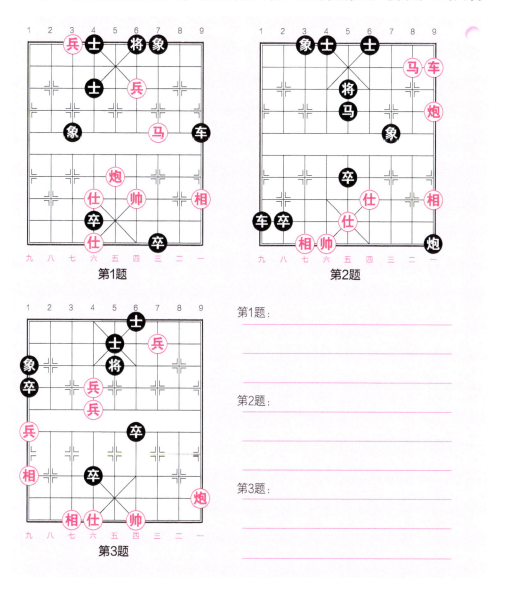

第1题：

第2题：

第3题：

二、残局练习

下面两则残局都是红方先行,请先写出结果,再写出对弈的过程。总用时 10 分钟。

第1题

第2题

三、残局拓展练习

下面两则残局都由红方先行,请写出推演过程及结果。总用时 10 分钟。

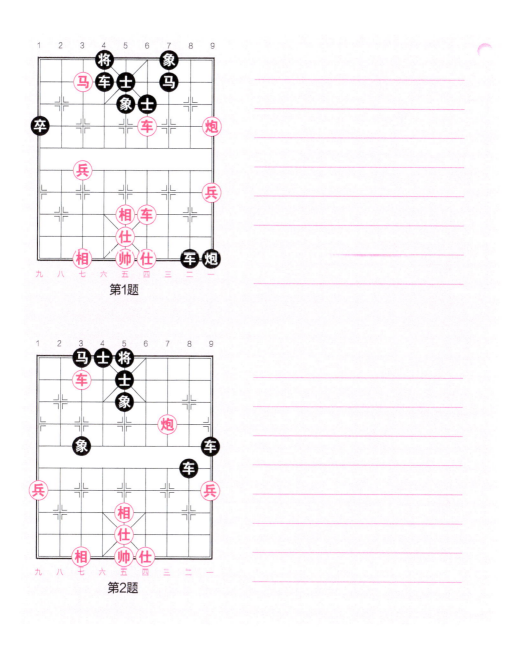

第1题

第2题

四、中局练习

下面两则中局都是红方先行,请根据问题提示,写出对弈的过程。总用时 12 分钟。

第 1 题:红方如何确立胜势?

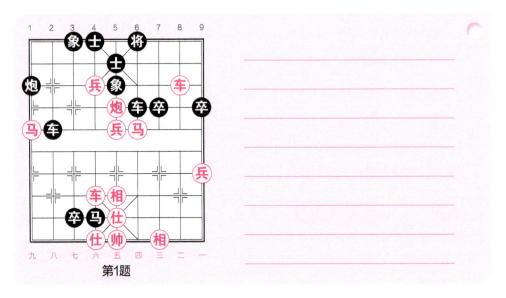

第1题

第 2 题:红方如何谋子?

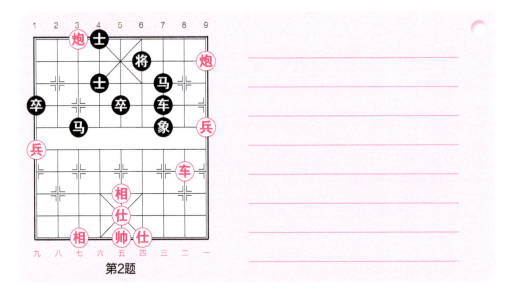

第2题

五、布局练习

下图是飞相对右士角炮布局 12 回合后形成的局面。请根据提示，在空白处写出对应的着法，最终形成如图的局面。用时 12 分钟。

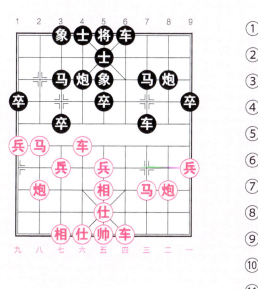

① 相三进五　　_____
② _____　　马 2 进 3
③ 车九平六　　_____
④ _____　　士 6 进 5
⑤ 兵三进一　　_____
⑥ _____　　车 2 进 4
⑦ 车六进三　　_____
⑧ _____　　卒 3 进 1
⑨ 马二进三　　_____
⑩ _____　　卒 7 进 1
⑪ _____　　车 9 平 6
⑫ 兵三进一　　_____

六、记忆力练习

请根据提示着法，在下面的空白棋盘中画出最终的结果图。用时 16 分钟。

① 马八进七　卒 3 进 1　　② 兵三进一　马 2 进 3
③ 马二进三　车 1 进 1　　④ 炮二平一　马 8 进 7
⑤ 车一平二　车 9 平 8　　⑥ 炮八进四　马 3 进 2
⑦ 车九进一　象 7 进 5　　⑧ 车九平六　炮 8 进 5
⑨ 车六进六　炮 2 平 1　　⑩ 炮八进三　士 6 进 5

⑪ 车六平五　车1平2　　　⑫ 车五平三　车2退1
⑬ 炮一进四　卒5进1　　　⑭ 马三进四　马2进3
⑮ 马四进三　车2进8　　　⑯ 马三退五　炮1平5
⑰ 仕四进五　炮5进1　　　⑱ 炮一进三　车8平9
⑲ 车二进二　车9平6　　　⑳ 车三退一　炮5平6
㉑ 车二平四　炮6进2　　　㉒ 车三平六　马3进1
㉓ 车六退四　车6进4　　　㉔ 马七进六　马1进3
㉕ 车六退一　车6平5　　　㉖ 车四进二　车5平4
㉗ 相三进五　象3进5　　　㉘ 兵一进一　车2退3
㉙ 车六平七　车2平4　　　㉚ 车四平六　车4进1
㉛ 车七进二　卒1进1　　　㉜ 车七平八　卒1进1
㉝ 兵九进一　车4平1　　　㉞ 车八进四　车1退2
㉟ 车八平五　车1平9　　　㊱ 车五退二　车9进2
㊲ 车五平七　车9进4　　　㊳ 仕五退四　车9退3
㊴ 兵五进一　车9退1　　　㊵ 车七平四　士5退6
㊶ 兵五进一　车9退2　　　㊷ 兵三进一　车9平2

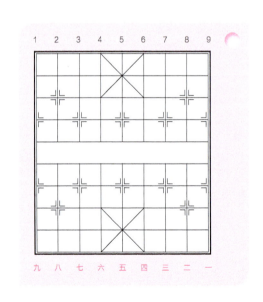

第28天训练

一、杀法练习

以下各题都是红方先行,请把答案写在下面的横线上。总用时12分钟。

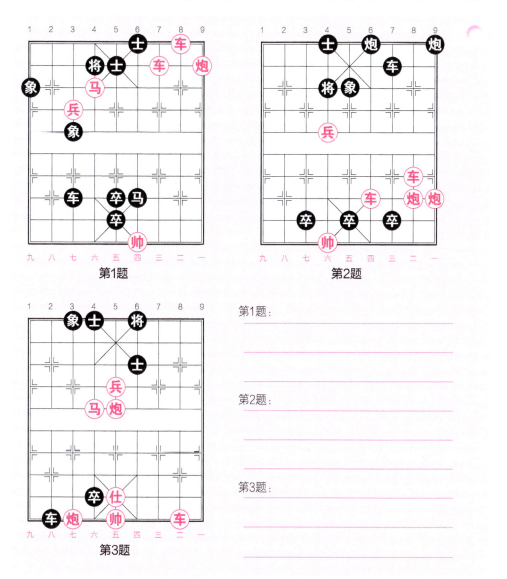

第1题:

第2题:

第3题:

二、残局练习

下面两则残局都是红方先行,请先写出结果,再写出对弈的过程。总用时 10 分钟。

第1题

第2题

三、残局拓展练习

下面两则残局都由红方先行,请写出推演过程及结果。总用时 10 分钟。

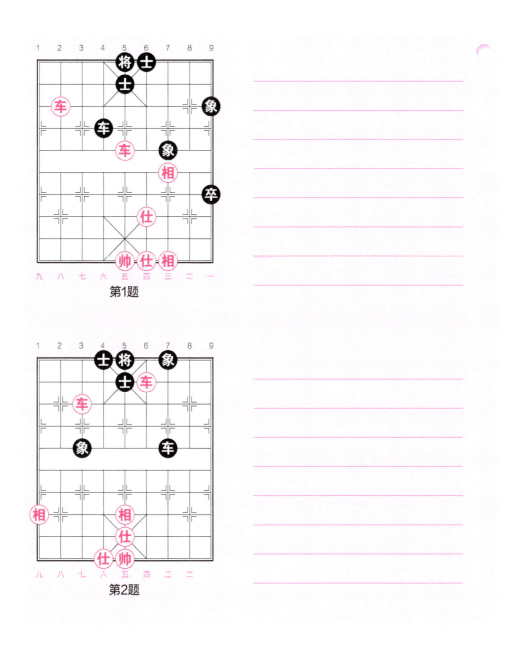

第1题

第2题

四、中局练习

下面两则中局都是红方先行,请根据问题提示,写出对弈的过程。总用时12分钟。

第1题:红方如何确立优势?

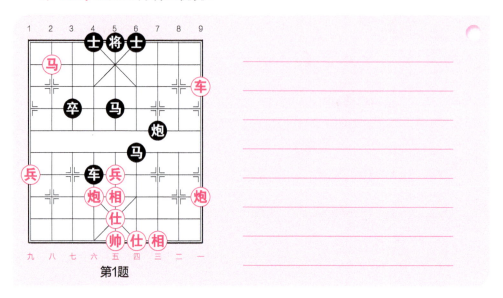

第1题

第2题:红方如何确立优势?

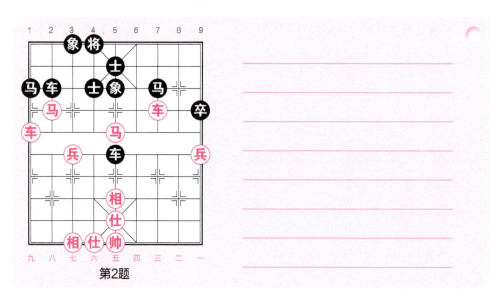

第2题

五、布局练习

下图是飞相对左中炮布局 12 回合后形成的局面。请根据提示，在空白处写出对应的着法，最终形成如图的局面。用时 12 分钟。

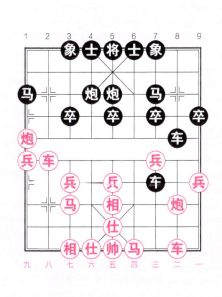

① 相三进五 _____
② _____ 马 8 进 7
③ 车一平二 _____
④ 马八进七 _____
⑤ _____ 炮 2 平 4
⑥ 车九平八 _____
⑦ 仕四进五 车 2 进 4
⑧ _____ 车 2 平 4
⑨ 兵九进一 _____
⑩ 炮九进三 _____
⑪ _____ 车 8 平 7
⑫ 马三退四 _____

六、记忆力练习

请根据提示着法，在下面的空白棋盘中画出最终的结果图。用时 16 分钟。

① 炮二平五　马 2 进 3　　② 马二进三　炮 8 平 6
③ 车一平二　马 8 进 7　　④ 炮八平六　车 1 平 2
⑤ 马八进七　炮 2 平 1　　⑥ 兵七进一　卒 7 进 1
⑦ 马七进六　士 6 进 5　　⑧ 车二进六　车 2 进 6
⑨ 仕六进五　象 7 进 5　　⑩ 车二平三　车 9 平 7

⑪ 兵七进一　车2退1　　⑫ 马六进七　象5进3
⑬ 兵五进一　车2退2　　⑭ 车三平五　马7进6
⑮ 兵五进一　马6进7　　⑯ 车五平四　卒7进1
⑰ 炮六平七　车2进3　　⑱ 兵五平六　马7进5
⑲ 相七进五　卒7进1　　⑳ 马三退二　象3退5
㉑ 马七进九　象3进1　　㉒ 车四平七　马3退2
㉓ 兵一进一　车7平8　　㉔ 马二进一　卒7平8
㉕ 车七退二　卒8平9　　㉖ 马一退三　车8平7
㉗ 马三退一　车7进3　　㉘ 车九平六　马2进4
㉙ 车七平五　象5退7　　㉚ 马一进二　前卒平8
㉛ 马二退四　炮6平5　　㉜ 车五退一　车2进2
㉝ 马四退二　车2平3　　㉞ 炮七平八　车3退1
㉟ 炮八进二　卒8进1　　㊱ 炮八平二　车7平8
㊲ 炮二平五　卒8进1　　㊳ 兵六进一　马4进2
㊴ 兵六进一　马2进3　　㊵ 兵六平五　马3进5
㊶ 兵五进一　士4进5　　㊷ 车五进一　车3退4
㊸ 车六进三　车8平5

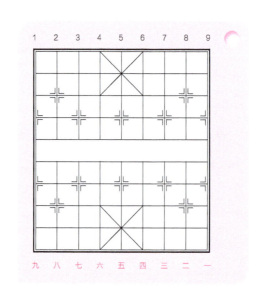

第29天训练

一、杀法练习

以下各题都是红方先行，请把答案写在下面的横线上。总用时 12 分钟。

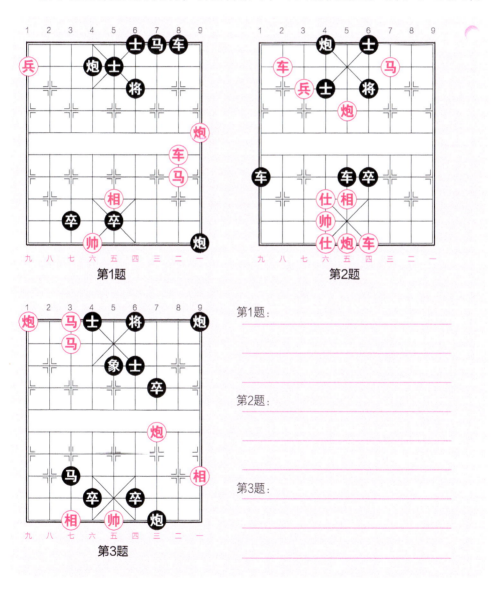

第1题：
_____
_____

第2题：
_____
_____

第3题：
_____
_____

二、残局练习

下面两则残局都是红方先行,请先写出结果,再写出对弈的过程。总用时 10 分钟。

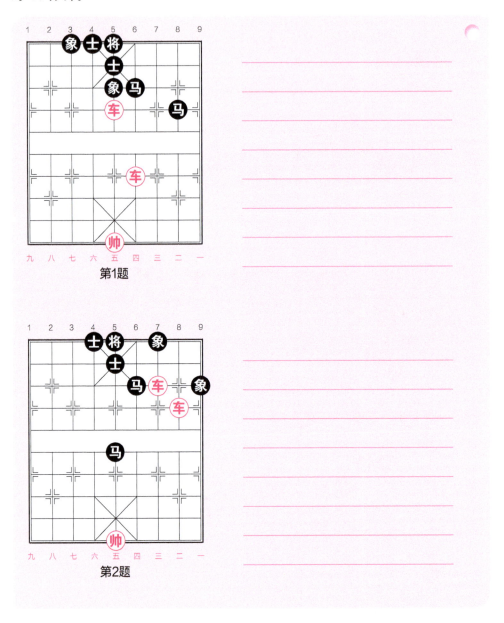

三、残局拓展练习

下面两则残局都由红方先行，请写出推演过程及结果。总用时 10 分钟。

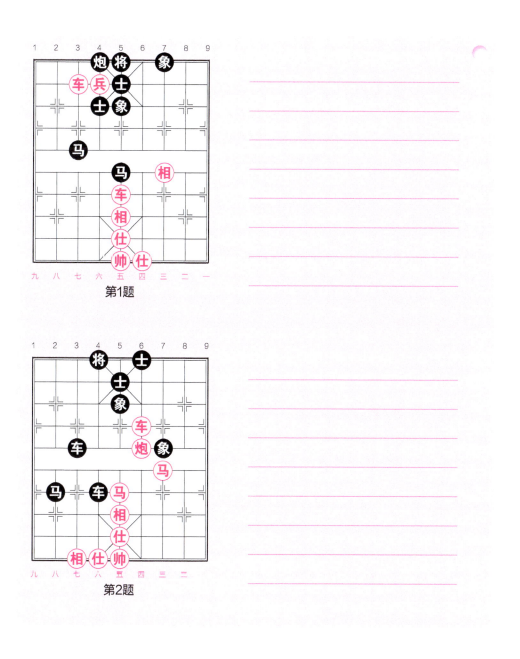

四、中局练习

下面两则中局都是红方先行,请根据问题提示,写出对弈的过程。总用时 12 分钟。

第 1 题:红方如何确立优势?

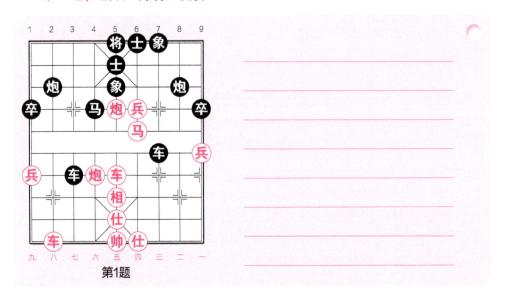

第1题

第 2 题:红方如何成功谋子?

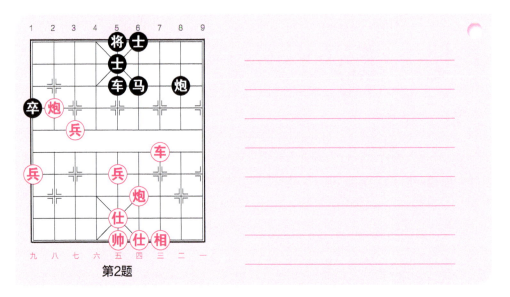

第2题

五、布局练习

下图是飞相对左中炮布局 12 回合后形成的局面。请根据提示，在空白处写出对应的着法，最终形成如图的局面。用时 12 分钟。

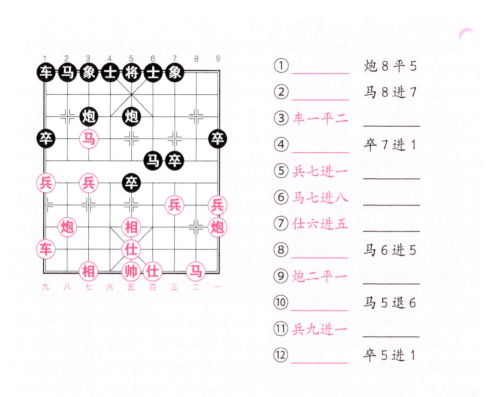

① _____ 炮 8 平 5
② _____ 马 8 进 7
③ 车一平二 _____
④ _____ 卒 7 进 1
⑤ 兵七进一 _____
⑥ 马七进八 _____
⑦ 仕六进五 _____
⑧ _____ 马 6 进 5
⑨ 炮二平一 _____
⑩ _____ 马 5 退 6
⑪ 兵九进一 _____
⑫ _____ 卒 5 进 1

六、记忆力练习

请根据提示着法，在下面的空白棋盘中画出最终的结果图。用时 16 分钟。

① 兵七进一　炮 2 平 3　　② 炮二平五　象 3 进 5
③ 马二进三　卒 3 进 1　　④ 车一平二　卒 3 进 1
⑤ 马八进九　车 9 进 1　　⑥ 车九平八　车 9 平 4
⑦ 仕六进五　车 4 进 2　　⑧ 炮八平六　马 2 进 1
⑨ 兵三进一　马 8 进 9　　⑩ 马三进四　卒 9 进 1

⑪ 车二进三　士4进5

⑫ 兵五进一　车1平2

⑬ 车八进九　马1退2

⑭ 马四进五　炮8平6

⑮ 车二平八　马2进1

⑯ 兵五进一　马9进8

⑰ 炮六进三　马8进6

⑱ 炮五平六　车4平3

⑲ 马五进七　车3退1

⑳ 前炮平一　卒7进1

㉑ 车八平三　马6退7

㉒ 兵三进一　马7进9

㉓ 炮六平一　马9退8

㉔ 兵三平四　车3进2

㉕ 车三平二　马8进7

㉖ 兵四平三　车3平5

㉗ 兵三进一　炮6进3

㉘ 相七进五　卒3平4

㉙ 车二平四　炮6平5

㉚ 马九进七　炮5进1

㉛ 马七退六　炮5退1

㉜ 马六退八　马1进3

㉝ 马八进七　卒4平3

㉞ 兵三平四　马3进4

㉟ 车四平六　车5平6

㊱ 车六平五　车6平5

㊲ 兵一进一　卒1进1

㊳ 车五平六　车5平6

㊴ 车六平五　车6平5

㊵ 炮一平二　马4进3

㊶ 炮二平七　卒3平4

㊷ 炮七平六　车5平2

㊸ 炮六退二　象5退3

㊹ 车五平七　象7进5

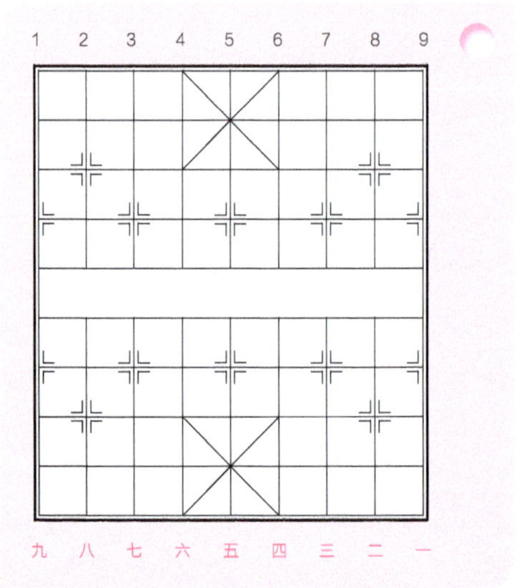

第30天训练

一、杀法练习

以下各题都是红方先行,请把答案写在下面的横线上。总用时 12 分钟。

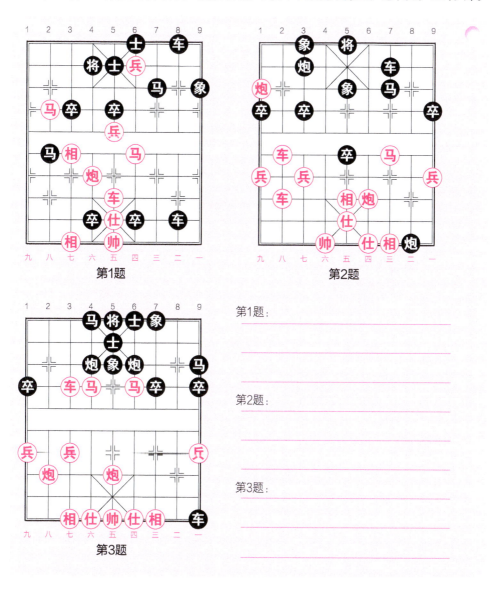

第1题:

_____

_____

第2题:

_____

_____

第3题:

_____

_____

二、残局练习

下面两则残局都是红方先行,请先写出结果,再写出对弈的过程。总用时 10 分钟。

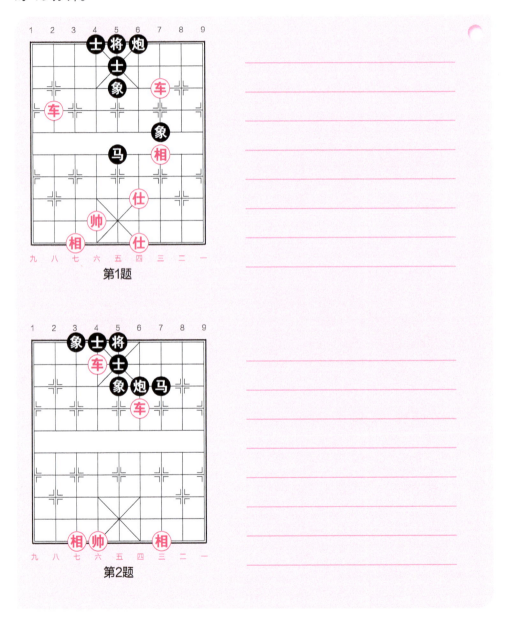

三、残局拓展练习

下面两则残局都由红方先行,请写出推演过程及结果。总用时 10 分钟。

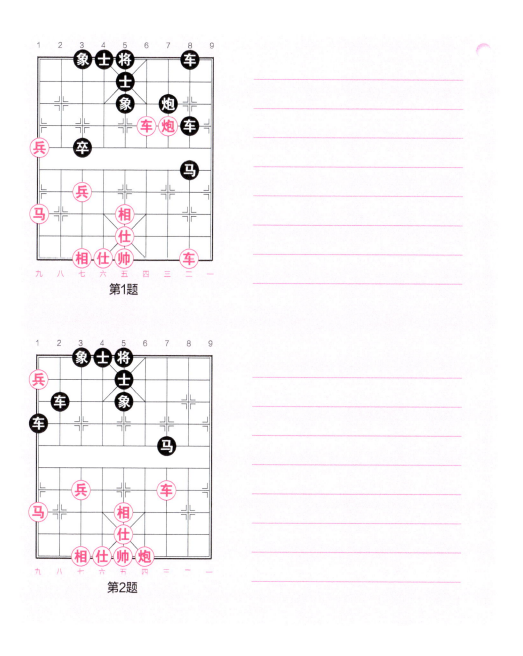

第1题

第2题

四、中局练习

下面两则中局都是红方先行,请根据问题提示,写出对弈的过程。总用时 12 分钟。

第 1 题:红方如何利用车炮配合,破坏黑方防守阵形,谋士占优?

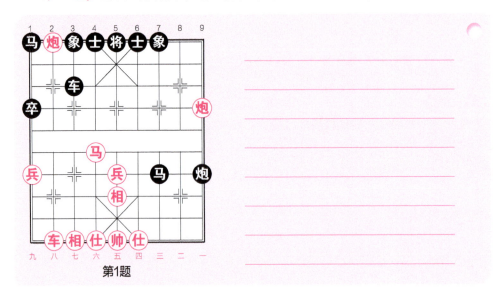

第1题

第 2 题:红方如何确立优势?

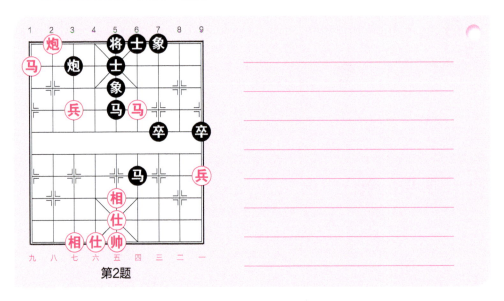

第2题

五、布局练习

下图是飞相对左中炮布局 12 回合后形成的局面。请根据提示，在空白处写出对应的着法，最终形成如图的局面。用时 12 分钟。

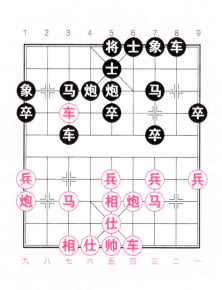

① 相三进五　_____
② 马八进七　_____
③ _____　车 9 平 8
④ 马二进三　_____
⑤ 仕四进五　_____
⑥ _____　炮 2 平 4
⑦ 车九平八　_____
⑧ _____　车 1 平 2
⑨ 车八平七　_____
⑩ _____　车 2 进 4
⑪ _____　士 4 进 5
⑫ 兵七进一　_____

六、记忆力练习

请根据提示着法，在下面的空白棋盘中画出最终的结果图。用时 16 分钟。

① 炮二平五　马 8 进 7　　② 马二进三　车 9 平 8
③ 车一平二　卒 7 进 1　　④ 车二进六　马 2 进 3
⑤ 兵七进一　炮 8 平 9　　⑥ 车二平三　炮 9 退 1
⑦ 马八进七　士 4 进 5　　⑧ 炮八平九　车 1 平 2
⑨ 车九平八　炮 9 平 7　　⑩ 车三平四　马 7 进 8

⑪炮九进四　卒7进1　　⑫炮五进四　象3进5
⑬车四平三　炮2退1　　⑭车三退二　车2平1
⑮车八进七　马3进5　　⑯炮九平五　车8进3
⑰炮五退一　车8平6　　⑱车三平二　马8进6
⑲马三退五　车1平4　　⑳兵五进一　车4进7
㉑相七进五　将5平4　　㉒车八退七　炮7平6
㉓车二退三　车4进1　　㉔车二进一　炮2进7
㉕相五进三　车6平4　　㉖炮五平四　后车进1
㉗炮四进一　后车退1　　㉘炮四退一　炮6进2
㉙马五进四　后车进1　　㉚兵五进一　后车平5
㉛仕四进五　炮2平3　　㉜马七进六　炮3退2
㉝车二平五　车5平2　　㉞车八平七　车4退2
㉟兵七进一　车2平3　　㊱车五进四　炮6退1
㊲车五平六　将4平5　　㊳马四退六　车4平7
㊴仕五退四　炮3平4　　㊵车七进五　炮4退3
㊶车七平八　车7平4　　㊷车八进四　士5退4
㊸炮四平九　车4进1　　㊹马六退八　车4平2
㊺炮九平八　车2退1

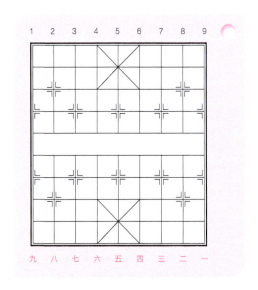

参考答案

第1天

一、杀法练习

第1题

① 兵四平五　将4退1
② 马九进八　后炮退2
③ 兵五平六　将4平5
④ 马二进四　将5平6
⑤ 炮二平四

第2题

① 马四退六　马6退5
② 兵三平四　马5进6
③ 兵四进一　将6退1
④ 兵四进一　将6平5
⑤ 马六进七

第3题

① 炮五退一　士6进5
② 炮五平六　士5进4
③ 车九平六　将4平5
④ 车六进一　将5退1
⑤ 车六平五

二、残局练习

第1题

红胜。

① 兵五平六

红方平兵，准备下一着兵六进一叫杀。

①……　　士4进5

黑方如改走象7退5，兵六进一，将4平5，马八进六，红方得士胜定。

② 兵六平七

这是红方取胜的关键，红兵准备从外线切入黑方下二线，这是红方最简捷的线路。

②……　　象7退5
③ 兵七进一　象7进9
④ 兵七进一　将4退1
⑤ 马八退七

红方退马协助兵冲入九宫。

⑤……　　象9退7
⑥ 兵七平六　将4平5

⑦马七退六　士5进6

黑方如改走士5进4，红方取胜思路与此相同。

⑧马六进四　将5平6

黑方如改走士6退5，马六进四，红方速胜。

⑨马四进六　将6进1

⑩帅五平四　象5进7

⑪兵六平五　将6退1

⑫马六进四

红方得士胜定。

第2题

红胜。

①兵七平六　象3进5

②兵六平五　象5退3

黑象如退到其他位置，红方取胜的办法也是一样的。

③马八进七

红方进马控制黑象的两个落点。

③……　　士5进4

黑方如改走将6进1，红方仍然走马七进六，与实战相同。

④马七进六　将6进1

⑤马六退八

红方一着两用，最主要的目的是控制黑象。

⑤……　　象3进1

⑥兵五平六

黑象的两个落点都被红马控制住，红方再平兵吃象，胜定。

⑥……　　士4退5

⑦兵六平七　将6退1

⑧兵七平八　象1退3

⑨马八进七（红方胜定）

三、残局拓展练习

第1题

①马四进三

红方进马准备下一着兵三进一，再兵三平四，利用卧槽马组杀。

①……　　马2退1

黑方退马邀兑，借以解杀。

②马七退九　象3进1

③马三进五

转换成马低兵对单缺象的残局。

③……　　象1退3

④马五退三　将6平5

⑤兵三进一　象3进1

⑥兵三平四

红兵冲进象眼位置，控制黑将与中士，正着。

⑥……　　象1退3

⑦马三退五　象3进5

⑧马五进七　象5退3

⑨马七进八

控制黑方4路羊角士是红方取胜的关键。

⑨……　　象3进5

⑩帅六平五　象5进7

⑪仕五进六　象7退5

⑫ 相七进九

等着，黑士必失，红方胜定。

第 2 题

① 马八退九

回马控制黑卒是红方取胜的关键。

① ……　　　象 7 退 5

② 兵九进一　士 6 进 5

③ 兵九进一　将 4 退 1

④ 兵九平八　将 4 进 1

⑤ 兵八平七　象 5 退 7

⑥ 兵七平六

红方平兵遮将，为谋卒做准备。

⑥ ……　　　将 4 退 1

⑦ 帅四进一　将 4 平 5

⑧ 相五进三　士 5 退 4

⑨ 兵六平五　士 4 进 5

⑩ 帅四平五　将 5 平 4

⑪ 仕五退四　象 7 进 9

⑫ 仕六进五　象 9 退 7

⑬ 兵五平六　象 7 进 5

⑭ 帅五平六　象 5 退 7

⑮ 帅六退一

捉死黑卒以后，转换成马高兵例胜单缺象残局，红方胜定。

四、中局练习

第 1 题

① 马六进七　将 5 平 6

② 炮六平四

红方平炮牵制黑马，是取胜的关键。

② ……　　　士 5 进 6

黑方支士，以解放被牵制的黑马。

③ 仕四退五

红方落仕，保持牵制。

③ ……　　　卒 2 平 3

④ 马三退五

红方得子占优。

第 2 题

① 相五进七

红方飞相牵制黑方马卒。

① ……　　　车 2 退 7

黑方如改走车 2 退 3，炮二平四，将 5 退 1，车四退二，红方得子。

② 车四退二　车 2 平 5

③ 车四进一　卒 5 平 6

④ 帅五平四　车 5 平 8

⑤ 炮二进三

红方进炮拦车以后，多子胜定。

五、布局练习

① 炮二平五　马 2 进 3

② 马二进三　炮 8 平 6

③ 车一平二　马 8 进 7

④ 炮八平六　车 1 平 2

⑤ 马八进七　炮 2 平 1

⑥ 兵七进一　卒 7 进 1

⑦ 马七进六　士 6 进 5

⑧ 车九进二　车 9 平 8

⑨ 车二进九　马 7 退 8

⑩ 车九平七　象 7 进 5

⑪ 车七进一　马8进7

⑫ 兵五进一　车2进4

六、记忆力练习

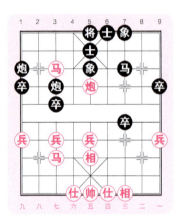

第2天

一、杀法练习

第1题

① 马七进八　将4退1

② 马八退六　士5进4

③ 马六进七　士4退5

④ 车五进八　将4进1

⑤ 马七退六

第2题

① 车五平四　士5进6

② 兵三平四　将6退1

③ 兵四进一　将6平5

④ 车四平五　将5平4

⑤ 马七进六

第3题

① 车一平八　车3退6

② 马六进七　炮4平6

③ 帅四平五　车3进1

④ 车八进四　车3退1

⑤ 车八平七

二、残局练习

第1题

和棋。

单缺象守和马低兵必须具备以下条件：一是将占据无兵的肋道，并保持将门通畅；二是象与将分居左右，并且象要高飞，防止马控制底象再运兵沉底吃象，形成马底兵胜双士的局面。

①兵三平四　将4进1
②马三进四　将4退1
③马四进三　象5进7

这是黑方守和的关键，切忌走象5进3，否则必败。

④帅五进一　将4进1
⑤马三进二　将4退1

黑方退将，做好"门东户西"单象守和单马的准备，这也是第3回合黑方为什么必须走象5进7的原因。

⑥兵四进一　士5退6
⑦马二进四　象7退9
⑧马四退二　象9进7
⑨马二退四　象7退5（和棋）

第2题
红胜。

红兵不要冲得太急，先要想办法去捉死黑象，稳扎稳打，方可取胜。

①兵六平五

红方先管住黑象，使它不能飞到中线。

①……　　　将5平4
②马五进七　士5退6
③马七进八

红方通过进马把黑象困在边角，然后用兵去捉，便可形成马兵必胜双士的局面。

③……　　　象3进1
④兵五平六　士6进5
⑤兵六平七　士5退6
⑥兵七平八　士6进5
⑦兵八平九

红方吃象胜定。

三、残局拓展练习

第1题
①兵七平六　将4进1
②马七进八　将4退1
③马八退九　象5进7

交换以后红兵是低兵，黑方可以守和。

④马九进八　象7退5
⑤相七退九　象5进7
⑥马八退七　将4进1
⑦帅五退一　象7退5（和棋）

第2题
①马四退二　将6平5
②炮三平五

红方兑炮是简化局面的好棋。

②……　　　炮5进5
③仕四退五　象3退1
④马二进三

红方运马控制黑方炮将，及时调整马兵的位置。

④……　　　象1进3
⑤马三退四　炮6平4
⑥帅六平五　炮4平5

⑦ 马四进六

红方不能做交换,马换炮后立和。

⑦ ……　　将5平6

⑧ 兵六平五

形成马低兵例胜炮象残局,红方胜定。

四、中局练习

第1题

① 炮八平二　　炮9平8

红方平炮叫杀,引黑炮阻挡,并对其形成牵制。

② 车六进六

红方成功实施牵制的后续手段。

② ……　　车1平2

黑方如改走车1平3,则马七进八,炮8退1,炮二平五,炮8平7,车六退二,红方得子。

③ 马七进八　　炮8退1

黑方如改走车2进1,车六退二,炮2平4,车六平八,红方得子。

④ 炮二平五　　炮8平9

⑤ 车六退二

红方退车捉马,主要作用是闪出马位。

⑤ ……　　车2进1

⑥ 车六平七　　炮2平3

⑦ 车七平八

红方得子大优。

第2题

① 炮二退一

红方退炮牵制,神来之笔。

① ……　　马4进2

② 炮四退五　　炮2平1

③ 兵七进一　　炮7平6

黑方如改走士5进4,兵七平八,红方得子。

④ 马二进三

红方进马牵制黑方肋炮,紧凑。

④ ……　　士5进4

⑤ 仕五进四　　将5平4

⑥ 炮四进七　　炮1平6

⑦ 炮二平四

红方得子。

五、布局练习

① 炮二平五　　马2进3

② 马二进三　　炮8平6

③ 车一平二　　马8进7

④ 炮八平六　　车1平2

⑤ 马八进七　　炮2平1

⑥ 兵七进一　　车2进6

⑦ 车九进二　　卒7进1

⑧ 马七进六　　象7进5

⑨ 车二进六　　车2平4

⑩ 马六进七　　士6进5

⑪ 车二平三　　车9平7

⑫ 马七进九　　象3进1

六、记忆力练习

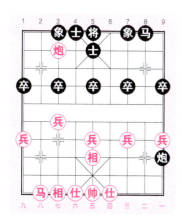

第3天

一、杀法练习

第1题

① 马五进七　将4进1

② 马七进八　将4平5

③ 车七进七　士5进4

④ 车七平六　将5退1

⑤ 炮九进六

第2题

① 马四退六　将5平4

② 炮九平六　卒5平4

③ 马六进四　将4平5

④ 马四进三　将5平6

⑤ 后兵进一

第3题

① 前马进五　士5进6

② 马五进四　象7进5

③ 兵九平八　卒5平6

④ 帅四进一　车4平5

⑤ 兵八平七

二、残局练习

第1题

红胜。

① 兵三平四　将6平5

② 马三退五

红方马退河口，可以控制黑士的活动，这是获胜的关键之着。

② ……　　　象 3 进 1

③ 帅五平六

红方形成左帅右兵的局面，这样帅和兵可以分别控制黑方两肋，下面红方进马寻找卧槽的位置。

③ ……　　　象 5 进 3

④ 帅六进一

红方等着。这样，红方在退马的同时，可以控制黑象，借攻击黑象的机会谋得佳位。

④ ……　　　象 1 退 3

⑤ 马五退六　象 3 退 5

⑥ 马六退八　士 5 进 4

⑦ 马八进九　士 4 进 5

⑧ 马九进八　士 5 退 6

黑方如改走象 5 进 7，马八进七，将 5 平 4，兵六平五，红方胜定。

⑨ 马八进六　将 5 平 4

⑩ 帅六平五　将 4 进 1

⑪ 马六退五　象 5 进 3

⑫ 马五进三

以下红方再马三进二得士胜。

第 2 题

和棋。

马兵对士象全的残局，变化较多，黑方守和有一定难度，需要注意避开马踩落底的士，另外，还要防止被低兵连吃士象，形成马底兵胜单士象的局面。

① 马九进八　将 5 平 4

② 马八进七

红方不可马八进六吃士，否则将 4 进 1，红马被牵死。

② ……　　　象 9 退 7

③ 马七退九　象 7 进 9

④ 马九退七　象 9 退 7

⑤ 马七退五　象 7 退 5

⑥ 马五进三　象 5 进 7

⑦ 马三进二　象 7 退 5（和棋）

以下红马若进四吃士，黑方可走将 4 平 5 关住红马。

三、残局拓展练习

第 1 题

① 车二平五　车 2 平 5

② 炮五进三　炮 9 平 5

③ 炮五进二　士 4 进 5

④ 兵九进一（和棋）

第 2 题

① 兵三进一　卒 7 进 1

② 马四进二　卒 9 进 1

③ 马二退三　马 5 进 7

④ 仕六进五　马 7 进 6

⑤ 帅五平六　卒 9 平 8

⑥ 帅六平五（和棋）

四、中局练习

第 1 题

① 炮八平五

红方平炮叫将，牵制黑车。

① ……　　　象 7 进 5

② 车八进五　卒 3 进 1

③ 车八平七　车 5 进 1

④ 车七平四

红方借叫杀的机会车离险地。

④ ……　　　炮 3 平 7

⑤ 兵五进一（红方优势）

第 2 题

① 车四退二

红方退车砍马看似一车换二，实际上利用车炮抽将的威胁，将达到一车换三的效果。

① ……　　　卒 5 平 6

② 车二进一　士 5 退 4

黑方如马 7 进 5，则车二进二，士 5 退 6，车二退七抽吃黑车。

③ 车二平三

红方一车换三后得子大优。

五、布局练习

① 炮二平五　马 2 进 3

② 马二进三　炮 8 平 6

③ 车一平二　马 8 进 7

④ 炮八平六　车 1 进 1

⑤ 马八进七　车 1 平 4

⑥ 仕六进五　卒 7 进 1

⑦ 车九平八　车 4 进 5

⑧ 车二进六　车 9 进 2

⑨ 兵三进一　卒 7 进 1

⑩ 车二平三　卒 3 进 1

⑪ 车三退二　马 7 进 6

⑫ 车三进五　车 4 平 3

六、记忆力练习

第4天

一、杀法练习

第1题

① 车七退一　炮4进1
② 车七平六　将5退1
③ 车六进二　将5进1
④ 车六平五　将5平4
⑤ 马六进八

第2题

① 马九进八　将4退1
② 马八退七　将4进1
③ 车二进七　车7退6
④ 车二平三　象3进5
⑤ 车三平五

第3题

① 兵六平五　马3退5
② 车二进四　卒4进1
③ 帅五平六　卒5平4
④ 帅六平五　卒9进1
⑤ 车二平四

二、残局练习

第1题

和棋。

马兵难破士象全，因此我们遇到失子、失先处于下风的时候，就应当尽量设法走成类似局面，避免输棋。

① 马六退七　士5退6

黑方退士是求和的妙棋！因为退士可以阻止红兵占据宫心（兵如果吃士，到了底线，不起作用）。

② 马七进五　象9退7

黑方退象是步要着，以后可以弃士关马。

③ 马五进三　象7退9
④ 马三进二　象9退7
⑤ 马二进四　将4平5

红马死，和定。

第2题

红胜。

① 马九进八　将4平5

黑方如改走将4进1，兵五进一，士5退4，兵五平六，红胜。

② 兵五平四　士5退4
③ 马八退六　将5进1
④ 马六进七

红方吃象以后，形成马高兵必胜单缺象的残局。

④ ……　　将5平6
⑤ 马七退八　士6进5
⑥ 兵四平五

红方中兵看住黑象，以后运马控象。

⑥ ……　　象5进7
⑦ 马八退七　象7退9
⑧ 马七退六　士5进4
⑨ 马六进五　将6退1
⑩ 马五进三　象9进7
⑪ 马三退一　象7退9

⑫ 马一进二

红方以后运兵吃死黑象，胜定。

三、残局拓展练习

第1题

① 马三退一　士5进4

② 马一进三　士4进5

③ 马三进二　士5退6

④ 兵一进一　士4退5

⑤ 兵一进一　卒7进1

⑥ 相一进三　将5平4

⑦ 兵一平二（红方胜定）

第2题

① 炮八退一　马2进3

② 仕五进四　马3退2

③ 炮八平六　卒4进1

④ 仕四退五　卒4进1

⑤ 帅六进一　卒7平6

⑥ 相一退三（和棋）

四、中局练习

第1题

① 炮五平三

红方平炮牵制黑方车马，为得子奠定基础。

①　……　　将4平5

② 车三平二　卒7进1

③ 相五进三　车7进2

④ 车二平四

准备回车捉马。如误走车二退五，则马7进5，炮三退六，马5进7，帅五平六，马7退8，黑方反得一相。

④　……　　车7退2

⑤ 车四退五　车7平3

⑥ 车四平三

红方得子占优。

第2题

① 炮三进三

红方进炮牵制黑方车马，是取势的佳着。

①　……　　士5进6

黑方此时如走士5进4，兵七进一，马3退4，兵七进一，红兵过河，大优。

② 车四进二　车8退4

黑方退车，对红方车炮实施牵制。

③ 兵七进一　马3退4

④ 兵七进一　车1退1

黑方不能走士6进5，否则车四进二，将5平6，炮三平九，红方有攻势。

⑤ 车四退四　马9退7

⑥ 车四进一　马7退9

⑦ 炮三退五（红优）

五、布局练习

① 炮二平五　马2进3

② 马二进三　炮8平6

③ 车一平二　马8进7

④ 炮八平六　车9进1

⑤ 马八进七　车9平4

⑥ 仕四进五　卒7进1

⑦ 车九平八　车1平2

⑧ 车二进四　炮2进4

⑨ 兵三进一　车4进3

⑩ 兵七进一　炮2平3

⑪ 炮五平四　车4平2

⑫ 相三进五　象3进5

六、记忆力练习

第5天

一、杀法练习

第1题

① 车三进一　将6进1

② 马五退三　将6进1

③ 马三进二　将6退1

④ 车三退一　将6退1

⑤ 车三平五

第2题

① 马三退五　将6进1

② 马五退三　将6退1

③ 马二进三　将6进1

④ 车七进七　象7进5

⑤ 车七平五

第3题

① 车五进二　车2进8

② 相五退三　车2平5

③ 仕六进五　马4进2

④ 帅五平六　马2进1

⑤ 车六进一

二、残局练习

第1题

红胜。

一般情况下，马高兵可以胜马单士（对马单象则难胜），这是因为两马交换后，一兵仍有机会破士，黑方如果以马兑兵，则马又必胜单士。本局制胜的关键是兵从中路挺进，同时要充分发挥帅的助攻作用。

① 兵五进一　士5退6
② 马二进四　将4平5
③ 马四进三　马2进4
④ 帅五平四　马4进5
⑤ 帅四进一　马5退6
⑥ 马三进四

红方进马为获胜的关键之着。

⑥ ……　　马6退7
⑦ 帅四退一　马7进6
⑧ 马四退三（红胜）

第2题

红胜。

① 马一进三　将6进1

黑方如改走将6平5，兵五进一，马3退5，帅六平五，红方牵死黑马，吃马后胜定。

② 帅六平五　士5退4
③ 马三进二　将6退1
④ 兵五平四

红兵必须要冲到黑将同侧的"腰眼"。

④ ……　　士4进5
⑤ 兵四进一　将6平5
⑥ 兵四平五　将5平4
⑦ 马二退三（红方胜定）

三、残局拓展练习

第1题

① 车四进五　士5退6

② 马七退五　将4平5
③ 马五退七　马7进5
④ 马七退九

经过交换，红方保留马、兵的攻击力，足可攻破黑方马士构成的防线。

④ ……　　马5进6
⑤ 帅五平四　马6退7
⑥ 兵九进一　马7退5
⑦ 马九进八　士6进5
⑧ 兵九进一

形成马兵例胜马单士残局，红方胜定。

第2题

① 马三进五　士6进5
② 马五退四　马6退8
③ 马四进三　将4平5
④ 马三退五　马8进7

进马是黑方守和的关键。

⑤ 马五退三　卒9进1
⑥ 兵二进一　马7进5（和棋）

四、中局练习

第1题

① 车八进四

红方进车牵制黑方车马，这是夺子的关键。

① ……　　车7退4
② 车九退二　士5退4
③ 兵八平七

红方平兵是很隐蔽的攻击手段，迫

使黑方飞高象以后，暴露底线弱点，红方待机平炮攻击黑方底线。

③……　　象5进3

④炮五平八

这是红方兵八平七的后续手段，伏有车八平七的手段。

④……　　象7进5

⑤车八平七　车7平8

⑥炮八进二

红方继续牵制，强行夺子。

⑥……　　卒5进1

⑦炮八平六　车6进1

⑧炮六退四　车8平3

⑨兵七进一（红方胜定）

第2题

①车四退一

红方退车牵制黑炮是取势的关键。

①……　　炮2平1

②车八平七　车2进2

③车七平九　马3进4

④炮六进二　车3进1

⑤车四平五

交换以后，红方控制中路和黑方卒林线，占据要道，红优。

⑤……　　车3平2

⑥兵七进一　马4进6

⑦兵七进一（红优）

五、布局练习

①炮二平五　马2进3

②马二进三　炮8平6

③兵三进一　马8进7

④炮八平七　车9平8

⑤马八进九　车1平2

⑥车九平八　炮2进4

⑦兵七进一　车8进4

⑧车一平二　车8平4

⑨车二进六　炮6平4

⑩车二平三　象3进5

⑪仕六进五　炮2退3

⑫车三平四　士4进5

六、记忆力练习

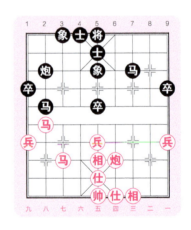

第6天

一、杀法练习

第1题

① 兵八平七　将4退1
② 兵七平六　将4进1
③ 兵六进一　将4退1
④ 兵六进一　将4平5
⑤ 车七进三

第2题

① 马五进七　将5退1
② 马四退六　将5进1
③ 马六进七　将5平4
④ 后马退五　将4退1
⑤ 炮九进二

第3题

① 马八进六　将4平5
② 炮二平五　士5退6
③ 马六进五　士6进5
④ 马五进七　将5平4
⑤ 炮五平六

二、残局练习

第1题

红胜。

① 兵四平五　将4进1
② 帅五进一

红方也可以走马三进一，但是取胜较为麻烦。红方进帅的好处在于虽然把选择权交给黑方，但是黑方子力不好活动，实际上等于增加了黑方的守和难度。

② ……　　　将4退1

黑方如改走士6进5，马三进一，马3进5，兵五进一！红方破士后胜定。

③ 兵五平六　马3退2

黑方如改走马3进4，马三进四，红方速胜。

④ 马三进一　士6进5
⑤ 兵六平五　士5退6
⑥ 马一进三　将4平5
⑦ 帅五平四

红方出帅助攻，准备谋士。

⑦ ……　　　马2进4
⑧ 帅四退一　将5平4
⑨ 兵五平六　马4进6
⑩ 马三进四

红方得士胜定。

第2题

和棋。

一般情况下，马兵对炮双象是一种正规和局，无法取胜。

① 帅五进一　象5进7
② 马七退五　象7退5

黑方双象保持联络，不给红方可乘之机。

③ 马五退六　炮3进1

黑方进炮，随时可以把红兵从九宫中心赶走。

④ 马六进四

红方如改走马六进八，炮3平5，兵五平四，将4进1，和棋。

④……　　炮3退3

⑤马四进五　炮3进1

这是关键的位置，黑方可以有效地阻止红马的做杀。

⑥马五进七　象3退1（和棋）

三、残局拓展练习

第1题

①兵六进一　炮6进3

一炮换双兵是黑方最顽强的防守方式。

②兵五平四　马7退6

转换成马高兵对马单士残局。

③兵六平五　马6进5

④兵五进一　马5退4

⑤帅六平五　将6退1

⑥马七进五　马4进6

⑦兵五平四　将6平5

⑧帅五退一

下帅等一着是红方致胜的关键。如果改走兵四进一，则马6退7，帅五进一，马7退8，黑方有巧和的机会。

⑧……　　马6退8

⑨兵四平五　马8进6

⑩马五退七

红马跳出来，红方胜定。

第2题

①马五进三　将5退1

②兵六平五

弃炮是红方取胜的关键，也是当前局面下最简明的方法。

②……　　将5平4

③马三进四　马5进3

④帅四平五　马3进4

⑤帅五平六　将4平5

⑥马四退二（红方胜定）

四、中局练习

第1题

①马五进七

红方进马一着两用，既控制黑将，又封锁黑车，这是红方取胜的关键。

①……　　炮1进2

②炮五进一

红方拦炮好棋，不给黑炮拦帅的机会。

②……　　炮1平4

③车八平四　炮4退4

④车四平六　象3进1

⑤马七进六

红方进马简明。

⑤……　　车1平4

⑥车六平四（红方胜定）

第2题

①炮八进五

红方进炮封车，防止黑方车9平3兑车，造成八路线上车炮被黑方牵制成无根子。

① ……　　车9平4

② 兵三进一

红方挺兵活马，不急不缓，恰到好处。

② ……　　车4进1

③ 炮八进一　车4进3

黑方如改走士6进5，车七进二，炮5平6，马三进四，红方主动。

④ 相三进一　车4退4

⑤ 炮八退二　车4进2

⑥ 车七平八

红方联车以后，继续保持对黑方的封锁。

⑥ ……　　车4平3

⑦ 仕四进五（红优）

五、布局练习

① 炮二平五　马2进3

② 兵七进一　炮8平6

③ 兵三进一　马8进7

④ 炮八平七　象3进5

⑤ 马二进三　车1平2

⑥ 车一平二　炮2平1

⑦ 马八进九　士4进5

⑧ 车九平八　车2进9

⑨ 马九退八　卒9进1

⑩ 车二进六　车9平8

⑪ 车二进三　马7退8

⑫ 炮七进四　炮1进4

六、记忆力练习

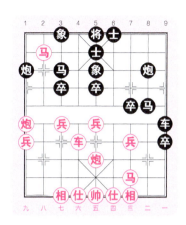

[第7天]

一、杀法练习

第1题

①车七平四　将6平5
②兵六平五　将5退1
③炮四平五　马6进5
④兵五进一　将5平4
⑤车八进八

第2题

①车三退一　卒7进1
②帅四进一　士6进5
③马七退五　将4平5
④马四退二　士5进6
⑤马二退四

第3题

①兵五进一　炮9平7
②炮五退二　前卒平4
③帅六进一　炮7退1
④帅六退一　卒6进1
⑤兵五平四

二、残局练习

第1题

和棋。

①马七退八　炮2进1
②马八进六　将5平4

③帅六平五　将4进1

黑方弃士是谋和的关键。

④马六进四　将4进1

形成马低兵例和单炮的局势。

⑤马四退六　炮2进3
⑥马六退七　将4平5
⑦马七进五　炮2平5
⑧相五退七　炮5平8
⑨帅五平四　炮8平5（和棋）

第2题

和棋。

黑方采用侧翼佯攻防守法，炮士象全可以守和马双兵。

①帅五平四　将4平5
②兵七平六　炮1退5
③马七退五　士5进6
④兵四进一　将5平6
⑤兵六平五　炮1进5
⑥马五进三　炮1平7
⑦马三进二　炮7退5（和棋）

三、残局拓展练习

第1题

①前兵进一　士4进5
②兵五进一　马4退5
③马七进五　炮7平4
④马五退四　炮4进1（和棋）

第 2 题

① 兵七平六　炮 3 平 6

② 兵六平五　士 6 退 5

③ 马八退七

黑方中士已在红方控制之下，红方先调整马位暂时不给黑象转移的机会。如改走兵四平五，红方同样也可以取胜，但较为麻烦。

③ ……　　　炮 6 平 5

④ 兵四平五　将 5 平 6

⑤ 帅五平六　炮 5 退 1

⑥ 马七进六　象 7 进 5

⑦ 兵五平四　将 6 平 5

⑧ 马六退五（红胜）

四、中局练习

第 1 题

① 炮九进一　车 7 进 1

黑方如改走车 7 退 1，则相七进五打死车，红胜。

② 相七进五

红方飞相以后，黑方双车、炮都不能动弹，红方胜定。

② ……　　　卒 1 进 1

③ 车八平四　将 4 平 5

④ 车四进一　卒 9 进 1

⑤ 车四退六

红方先杀士再捉炮，黑方无法应对，红方胜定。

第 2 题

① 炮五进四

红方进炮占据卒林线，封锁黑方左马的出路，是控制局势的好棋。

① ……　　　马 7 进 9

② 兵七进一　马 9 退 8

③ 马六退五　马 8 进 7

黑马虽然迂回跳出，但是局势已经十分被动，红方大优。

④ 炮五平七

红方简化局面，好棋。

④ ……　　　炮 3 平 2

⑤ 炮九进三

红方有攻势，大优。

五、布局练习

① 炮二平五　马 2 进 3

② 马二进三　炮 8 平 6

③ 兵三进一　卒 3 进 1

④ 马八进九　马 8 进 7

⑤ 炮八平七　象 7 进 5

⑥ 车九平八　车 1 平 2

⑦ 车八进四　车 9 平 8

⑧ 车一平二　车 8 进 9

⑨ 马三退二　士 4 进 5

⑩ 马二进三　炮 2 平 1

⑪ 车八进五　马 3 退 2

⑫ 炮五进四　马 2 进 3

六、记忆力练习

第8天

一、杀法练习

第1题

① 车一平六　士5进4

② 车六平七　士4退5

③ 马三退五　象7进5

④ 车七进四　将4进1

⑤ 兵八平七

第2题

① 马六进四　将5平4

② 炮一进七　象7进5

③ 马四进三　将4进1

④ 车二平五　将4进1

⑤ 马三退五

第3题

① 兵六平五　士4进5

② 车七进九　象1退3

③ 炮九进五　象3进5

④ 马八进七　士5退4

⑤ 车五进二

二、残局练习

第1题

和棋。

① 帅五平四　炮1进5

② 兵三平四

红方如兵三进一，则炮1平6，帅四平五，象5退7，马二进四，将5平6，马四进三，炮6退5，兵六平五，士4退5，和棋。

② ……　　　炮1平6
③ 马二进三　　士5进6
④ 马三退四　　炮6退1（和棋）

第2题

红胜。

马在无士的一边，进攻方容易成功。本局如由黑方先走马6退4，马移动到有士的一边，则红方的取胜着法比较繁复。

① 车五进三　　马6进7
② 车五平三　　马7退6
③ 帅四进一　　马6退4
④ 车三进一　　马4进5
⑤ 车三进一（红胜）

三、残局拓展练习

第1题

① 兵四进一

进兵底线是不让黑方走将4平5复位，这是红方取胜的关键。

① ……　　　士6退5
② 兵七进一　　象5退3
③ 马七进八　　将4进1
④ 兵四平五

红方兵占中心，配合中帅控制黑将。

④ ……　　　炮4平5
⑤ 马八退七（红胜）

第2题

① 炮二退一　　炮1平6
② 炮二平八　　炮6进3
③ 仕五进四　　马6进4
④ 帅五平六　　马4退5
⑤ 仕四退五　　卒9进1
⑥ 炮八平二　　卒9平8
⑦ 炮二平一　　卒8平9
⑧ 炮一平二（红胜）

四、中局练习

第1题

① 炮七退二

红方退炮压马，实施封锁战术，同时保留炮六平七捉双的手段。

① ……　　　象3进1

黑方如先走马3进1，炮六平七，与实战殊途同归。

② 炮六平七　　马3进1
③ 前炮平八　　马7进8
④ 炮八进二　　士5进4

黑方如改走将5平6，炮七进七，红胜。

⑤ 炮七进七　　将5进1
⑥ 马六进八　　将5平6

黑方如改走马8退6，马八进七，红胜。

⑦ 马八进六　将6平5

⑧ 马六退八（红优）

第2题

① 兵五进一

红方冲中兵封锁马路，伏车二平八捉马的手段。

① ……　　　卒7进1

② 车二平八　将5平4

③ 车八退二　卒7平6

④ 兵五进一　车7进3

⑤ 车八平六　将4平5

⑥ 车六进四

红方得子大优。

五、布局练习

① 炮二平五　马2进3

② 马二进三　炮8平6

③ 兵三进一　马8进7

④ 马八进九　卒3进1

⑤ 炮八平七　象3进5

⑥ 车九平八　车1平2

⑦ 车一平二　车9进1

⑧ 车八进四　车9平4

⑨ 仕四进五　士4进5

⑩ 兵九进一　卒3进1

⑪ 车八平七　马3进2

⑫ 炮七退一　车4进4

六、记忆力练习

第9天

一、杀法练习

第1题

① 炮二进七　象7进5
② 炮八平六　炮4平3
③ 马四进六　炮3平4
④ 马六进五　炮4平3
⑤ 马五进六

第2题

① 马八进六　车3退2
② 车二平四　将6平5
③ 炮二进七　士5退6
④ 车四进一　将5进1
⑤ 车四退一

第3题

① 炮二进七　士6进5
② 车三进二　士5退6
③ 车三平四　将5进1
④ 兵七平六　将5平4
⑤ 车八进八

二、残局练习

第1题

红胜。

① 兵三进一　将6平5
② 马三进二　象7退5

黑方另有两种走法：一是马5退6，则兵三平四，红胜；二是象7退9，兵三平四，士5退6，马二退四，红胜。

③ 兵三平四　士5退6
④ 马二退四（红胜）

第2题

红胜。

① 兵六进一

红方沉兵叫杀，佳着！

① ……　　士6退5
② 马七进五　马7进5

黑方如改走象1进3，则马五进六，捉士胜！

③ 马五进三　马5退7
④ 马三进一　马7进5
⑤ 马一进二　士5退4
⑥ 兵三平四　将6平5
⑦ 马二退三

红方捉死马，成马低兵巧胜单缺象局势。

⑦ ……　　象1退3
⑧ 马三退五　士4退5
⑨ 马五退七　象3进5
⑩ 马七进八　士5退4
⑪ 马八进九　士4退5
⑫ 帅五平六　象5进3
⑬ 马九退七　将5平4
⑭ 兵四平五（红方胜定）

三、残局拓展练习

第1题

① 车四进二　士5进6

② 兵五进一　士6进5

③ 马三进四

转换成马双兵对马单缺象残局。

③ ……　　马9进7

④ 兵四平五　士6退5

⑤ 兵五进一　将5平6

形成马兵胜马单象残局。

⑥ 相五退七　象7进5

⑦ 马四进六　马7退9

⑧ 马六进八　马9退8

⑨ 马八进六（红方胜定）

第2题

① 兵七平六　将6平5

② 兵八平七　马7进6

③ 马二退一　马6退8

④ 马一进二　马8进9

⑤ 马二退四

转换成双兵胜马单缺士残局。

⑤ ……　　士5进6

⑥ 马四退五　将5平6

⑦ 兵七平六　马9退8

⑧ 后兵平五　将6平5

⑨ 帅五平六　象5退7

⑩ 马五进七（红方胜定）

四、中局练习

第1题

① 马六退七

红方退马封锁黑马的退路，好棋。

① ……　　炮9平5

黑方如改走炮2平9，炮六平四，

士5进6，仕六退五，捉死黑马，红方大优。

② 炮六平一　炮5进4

③ 仕六退五

红方正着，如改走炮一进一，炮5平4，黑炮借打将之机压相眼，黑马脱身。

③ ……　　炮5进2

④ 炮一进一　炮2进1

⑤ 后兵进一　炮5平3

⑥ 后兵平二　炮2平3

⑦ 炮一平四　后炮平6

⑧ 兵二平一（红方大优）

第2题

① 炮八进四

红方进炮封锁黑炮并攻击黑方肋马。

① ……　　车4退3

② 车七进四　将4退1

③ 炮九平八

红方利用黑炮做炮架，下一步准备强行夺子。

③ ……　　马6进5

黑方不能走炮2平1，否则后炮进一，炮1退2，车七平九，红方捉死炮。

④ 车七进一　将4进1

⑤ 车七退二　马5退3

⑥ 车七退二（红方得子）

五、布局练习

① 炮二平五　马2进3

② 马二进三　炮8平6

③ 车一平二　马8进7
④ 马八进九　卒7进1
⑤ 炮八平七　车9进1
⑥ 车九平八　车1平2
⑦ 车八进四　马7进6
⑧ 兵三进一　车9平7
⑨ 马三进四　象3进5
⑩ 马四进六　炮2平1
⑪ 车八进五　马3退2
⑫ 炮五进四　士4进5

六、记忆力练习

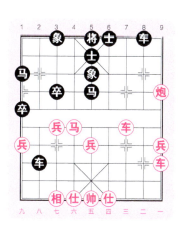

第10天

一、杀法练习

第1题

① 前马退四　炮4平6
② 帅四平五　车7进3
③ 车四进一　将5进1
④ 马六进七　将5平4
⑤ 车四平六

第2题

① 车九进六　炮2退1
② 炮八平五　将5平4
③ 兵七进一　将4进1
④ 车九退一　炮2进1
⑤ 车九平八

第3题

① 车四平五　士4进5
② 炮八进七　士5退4
③ 车六进六　将5进1
④ 炮二进六　将5进1
⑤ 车六退二

二、残局练习

第1题

红胜。

红方双兵如能迫近黑将九宫，就有机会构成巧胜形势。

① 马二进三　马6进7
② 兵四平五　将5平6

③兵六进一　马7进5

④帅四进一　马5进4

⑤帅四退一　马4进2

⑥兵六平五（红胜）

第2题

红胜。

①兵七进一

红方获胜关键之着。如改走兵七平六，则红方无杀势，黑方胜势。

①……　　　将4平5

②马七进九　士5进4

③兵三平四　卒5进1

④帅六进一　马8退6

⑤相三进五

下一着再马九进七，红胜。

三、残局拓展练习

第1题

①马二退三

及时交换，简化子力，红方谋和的好棋。

①……　　　卒5平6

②马三退一　卒6进1

③马一进三　马3退4

④帅四平五　卒6平7

⑤仕六进五　象3退5（和棋）

第2题

①兵四平五　象1退3

②马七进六　炮4退2

③马六退八　象3退5

④兵三进一　炮4平3

⑤兵三平四　炮3退1

⑥兵四平五　士6进5

⑦马八退九　象3进1

⑧兵五进一

红方冲兵换象，简明有力。

⑧……　　　炮3平1

⑨马九进八　炮1进5

⑩马八退六　士5退4

⑪帅五平四

形成高低兵胜炮单士象的残局。

⑪……　　　炮1平6

黑方如改走炮1平4，则马六进七，炮4退5，兵五平六，将5进1，兵六进一，将5平4，马七退九，形成单马擒士残局。

⑫马六进七　将5平6

⑬马七退九（红方胜定）

四、中局练习

第1题

①车四进四

红方进车压象眼，好棋。

①……　　　车8平7

②马七进五　车7平4

③车五平三

红方平车叫杀，这是上马的后续手段。

③……　　　士5退6

④仕四进五　车4退2

⑤ 马五进四　士4进5

⑥ 马四进五

红方马踏中士，撕开黑方防线。

⑥ ……　　　炮9平4

⑦ 车三进三　炮4退4

⑧ 马五退七（红方大优）

第2题

① 车六进一

红方进车压象眼，准备马七进五攻击黑方。

① ……　　　炮7平3

② 马七进五　卒9进1

黑方如改走马3进2，马五进三，车8退2，炮六进五，马5进4，车六进一，将5进1，马三退四，将5平6，红方车四退一后可以抽吃黑车。

③ 马五进七　马3退1

④ 炮六进五

这是红方扩先的关键。

④ ……　　　马5进6

⑤ 车六进一　将5进1

⑥ 马四退五　炮3退5

⑦ 车六退一　将5退1

黑方如改走将5进1，炮六平八，杀棋。

⑧ 车六平七（红方大优）

五、布局练习

① 炮二平五　马2进3

② 马二进三　炮8平6

③ 车一平二　马8进7

④ 马八进九　卒7进1

⑤ 炮八平七　马7进6

⑥ 车九平八　炮2平1

⑦ 车八进四　象3进5

⑧ 兵三进一　卒7进1

⑨ 车二进五　马6退7

⑩ 车二退二　车9进2

⑪ 车八平三　士4进5

⑫ 马三进四　马7进6

六、记忆力练习

第11天

一、杀法练习

第1题

① 马三进四　马4退5
② 车五退三　将4退1
③ 车五进三　将4进1
④ 车五平七　将4进1
⑤ 车七平六

第2题

① 马五进四　卒6平5
② 帅五进一　象3进5
③ 马四进二　象5退7
④ 马二退三　将6进1
⑤ 炮五平四

第3题

① 兵七平六　卒5平6
② 帅四进一　马8进7
③ 帅四平五　士6进5
④ 车七进二　士5退4
⑤ 车七平六

二、残局练习

第1题

红胜。

红方要避免兑马，先以双马控制双象，然后以兵兑换双象，形成双马例胜马双士的局面。

① 马四进二　马3进4
② 马五进六　马4进5

黑方如改走马4进3，红方同样要兵五进一换取双象。

③ 兵五进一

红方一兵换双象，简明。

③ ……　　象7进5
④ 马六进五　马5进6
⑤ 帅五平六（红方胜定）

第2题

红胜。

红方不给黑方有兑马的机会，用帅助战，拴住黑马，双马帅联合攻马而胜。

① 帅四平五

红帅先占中路，控制黑方士的活动。

① ……　　将5平6
② 马一进三　将6进1
③ 帅五平四

红方出帅牵制黑马，正确。

③ ……　　士5进4
④ 马七进五　士4退5

红方把马从容调到进攻位置。

⑤ 帅四进一　士5退6
⑥ 马三进二　将6平5
⑦ 马五进四（红方胜定）

三、残局拓展练习

第1题

① 帅五平六　马3进4

② 马七退八　将4进1

③ 前马退七　将4退1

④ 兵四平五　士4退5

⑤ 马七退五　将4平5

⑥ 马五退六（红方胜定）

第2题

① 兵六进一　马5进3

② 兵三平四　马3进2

③ 帅六平五　马2退1

④ 兵四进一　马1退2

⑤ 兵六进一

红方再冲六路兵，黑方无论用士吃掉红方哪个兵，红方都可以吃士，形成双马兵必胜马双象残局。

⑤ ……　　将5平6

⑥ 兵六进一　士5进6

⑦ 马五进四（红方胜定）

四、中局练习

第1题

① 车四进四

红方进车塞象眼，一着两用，既伏有炮三进七打闷宫的手段，又伏有车四平一吃马的手段。

① ……　　炮3退5

② 马六进七　车1平3

③ 马七退八

红方如改走马七退六，车3平4，马六进五，车4进9，黑车杀出来以后，红方有顾忌。

③ ……　　马1进3

④ 车四平一　马3进5

⑤ 车一平四　象7进9

⑥ 炮三平二（红优）

第2题

① 车六进三

红方进车塞象眼叫杀，好棋。

① ……　　士5进4

黑方如改走象3进1，马八进九，红方胜势。

② 车五进二　士4进5

③ 车五进一

红方弃车杀士，着法精妙。

③ ……　　士4退5

④ 前炮平五　马7进5

⑤ 车六平五（红胜）

五、布局练习

① 炮二平五　马2进3

② 马二进三　炮8平6

③ 车一平二　马8进7

④ 马八进九　卒7进1

⑤ 炮八平七　马7进6

⑥ 车九平八　炮2平1

⑦ 车八进四　象7进5

⑧ 车二进六　士4进5
⑨ 车二平四　马6进7
⑩ 炮五进四　马3进5
⑪ 车四平五　车9平8
⑫ 马九退七　卒3进1

六、记忆力练习

第12天

一、杀法练习

第1题

① 兵六进一　卒6平5
② 帅五进一　卒3平4
③ 帅五进一　士5退4
④ 兵三平四　马8退6
⑤ 马三进二

第2题

① 兵七平六　将5退1
② 兵四进一　马2进4
③ 帅五进一　卒3平4
④ 帅五进一　马4退3
⑤ 兵四进一

第3题

① 车二平五　车3平8
② 炮一平五　车8进5
③ 仕五退四　车8平6
④ 帅五平四　象3进1
⑤ 车五进一

二、残局练习

第1题

红胜。

红方先以主帅控制中路，双马逼黑将到顶角，然后以一马控制黑将活动，一马叫杀或捉死黑炮，即可获胜。

① 马三退一　炮2平1

② 马四进三　炮1平2
③ 马三进一　士5进4
④ 马一进二　炮2平7
⑤ 马一退三　炮7进2
⑥ 马二退一　士4退5
⑦ 马一退三（红方胜定）

第2题

红胜。

双马的配合使用，一般是比较灵活而富有进攻能力的，其威力略逊于马炮，远胜于双炮。另外，由于马步玲珑，所以双马往往可以构成巧妙的杀法。

① 马九退七　马1退3
② 马七进五　马3进5
③ 马五退三　卒3进1
④ 相七进九　卒3进1
⑤ 相九进七　马5进4
⑥ 马三退四（红胜）

三、残局拓展练习

第1题

① 兵六平五　马6退4
② 马四进六　将5平4
③ 马三进五

红方连续调运兵、双马后围攻黑方九宫，攻势强大。

③ ……　　马7退8

黑方如士5退6，兵五进一，红方同样可以一兵换双士。

④ 兵四进一　士5进6

⑤ 兵五进一　马8进7
⑥ 兵五平四　马7退5
⑦ 兵四平五（红方胜定）

第2题

① 兵五进一　马3进5
② 马六进七　将5退1
③ 马七进五

红方先谋一子，再谋士象即可获胜。

③ ……　　马4退6
④ 马五进七　将5平6
⑤ 兵一进一　马6进7
⑥ 帅四平五　象9进7
⑦ 兵一平二　马7退8
⑧ 马七退六　象7退5
⑨ 马七退八

黑方中士必失，红方胜定。

四、中局练习

第1题

① 车六进八

红方进车塞象眼，堵住窝心马，下一着准备出帅做杀。

① ……　　马5进4

黑方无奈，只好弃马。如改走马5进7，帅五平六，士4进5（如士6进5，车三进一，象7进5，车三平一，红方胜势），车三平七，红方以后有连杀的手段，速胜。

② 车三平六　士6进5
③ 炮二平五　将5平6

④ 炮五平七

红方扫卒,积蓄物质力量。

④……　　车8退5

⑤ 后车平四

红方通过兑子简化局面,形成必胜的残局,不给黑方反击的机会。

⑤……　　车8平6

⑥ 车四进一　士5进6

⑦ 车六进一　车5退6

⑧ 车六平五　将6平5

⑨ 兵一进一(红方胜定)

第2题

① 车八进七

红方进车弃马,准备平车塞象眼。利用黑方窝心马的弱点,展开攻势。

①……　　车6进2

② 车八平六　象5进7

黑方如改走车6退3,车三平四,车6退1(车6平7,炮七进五,象5进7,炮七退二,红大优),炮五进五,闷杀。

③ 炮七进五　炮8平5

④ 兵三进一　炮5进5

⑤ 相七进五　车8进2

⑥ 炮七退一　马5进6

⑦ 车三平四(红优)

五、布局练习

① 炮二平五　马8进7

② 马二进三　车9平8

③ 车一平二　炮8进4

④ 兵三进一　炮2平5

⑤ 马八进七　车1进1

⑥ 车九平八　车1平8

⑦ 马三进四　车8平6

⑧ 马四进六　车6进3

⑨ 炮八进五　炮5退1

⑩ 马六进八　马2进1

⑪ 炮八平七　炮5平7

⑫ 兵七进一　士4进5

六、记忆力练习

第13天

一、杀法练习

第1题
① 兵五进一　卒6进1
② 马四进三　卒6进1
③ 帅五平四　卒7平6
④ 帅四进一　士5退4
⑤ 马三进二

第2题
① 炮九进二　将5平4
② 马八退六　卒8进1
③ 帅四进一　士6退5
④ 马六进七　将4平5
⑤ 兵四平五

第3题
① 帅五进一　马5退3
② 马七进五　马3进1
③ 马五退六　马1进3
④ 帅五退一　马3进2
⑤ 马六进四

二、残局练习

第1题
红胜。

红方先以双马帅联攻，逼黑将到顶，然后主帅控制中路，逼黑炮填将，捉死炮胜。

① 马七退六　炮6退1

黑方如改走炮6退2，红方仍可走马三进四，取胜思路与主变相同。

② 马三进四　炮6退1
③ 帅四平五

红方平帅控制中路，为调动六路马做准备。

③ ……　　　炮6平5
④ 马六进四　炮5进2
⑤ 前马退三　象3退5
⑥ 马三退五（红方胜定）

第2题
红胜。

① 马三进四　炮5进1
② 马四退二　象7退9

黑方如改走象7退5，则马二退四，红速胜。

③ 马二退四　炮5进2
④ 马四进五　象3退5
⑤ 马五退三　炮5平6
⑥ 马三进四　炮6退2

黑方如改走炮6平4，则仕六退五，下着马七退八，绝杀。

⑦ 马七退五（红胜）

三、残局拓展练习

第1题
① 炮一平二　马8退7
② 炮三平二　马7进6
③ 炮二平四　后马进8
④ 炮三平八

弃炮换卒，谋和的关键。

④……　　马8进6

⑤帅五平四　前马退8

⑥帅四退一　马8退6

⑦炮八平九　前马退4

⑧炮九平四　马6进4

⑨炮四平一（和棋）

第2题

①炮二退一　卒6进1

②仕五进四　马9退7

③炮二平六　马5进4

④相七退五　马7进6

⑤炮七退五　马4进2

⑥帅六进一　将6平5

⑦炮七进一　马6退5

⑧帅六平五　马5退7

⑨炮七退一（和棋）

四、中局练习

第1题

①炮四进六

红方进肋炮贴将，配合左车发动攻势。

①……　　炮5平4

黑方如改走炮5平8，车九进二，将5进1，车四平五，将5平6，车九退二，红方攻势猛烈。

②车九平五　象3进5

③炮四退二　车4退2

④马七进五　卒5进1

⑤车四平六

红方平车牵制黑方车炮，巧着。

⑤……　　车7进2

⑥车五平九　象7进9

⑦车六平一

红方攻势猛烈，大优。

第2题

①炮四进六

红方进炮打车，主要作用是切断黑方双象之间的联络。

①……　　车3进1

②车八进九　将5平6

③炮四平三　将6进1

黑方如改走象9进7，则马七进八，红方捉死车。

④车八退一　车3平1

⑤车六平四　炮4平6

⑥炮九平六

红方平炮打士，好棋。

⑥……　　炮6进2

⑦炮六退四　炮6退2

⑧炮三平五（红优）

五、布局练习

①炮二平五　马8进7

②马二进三　车9平8

③车一平二　炮8进4

④兵三进一　炮2平5

⑤马八进七　车1进1

⑥车九平八　车1平8

⑦ 马三进四　炮8进1
⑧ 马七退五　炮8平2
⑨ 车二进八　车8进1
⑩ 车八进二　炮5进4
⑪ 车八进七　车8平4
⑫ 马四退三　炮5退2

六、记忆力练习

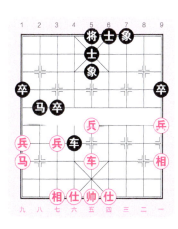

第14天

一、杀法练习

第1题

① 兵四进一　将5平4
② 炮三平九　马8进7
③ 兵四平五　士6进5
④ 炮九进二　将4进1
⑤ 炮五平六

第2题

① 兵八平七　将4退1
② 兵六进一　士5进4
③ 兵四平五　炮1平5
④ 兵七平六　将4进1
⑤ 炮五平六

第3题

① 帅六平五　卒8平7
② 仕五进四　卒6平5
③ 帅五进一　卒7平6
④ 帅五进一　卒6进1
⑤ 兵五平四

二、残局练习

第1题

红胜。

炮、兵不能破双象，但红方如有一相当炮架助攻，并注意兵、帅分开，这样黑方就无法守和。

① 兵五平四　将5平6
② 炮二平四　将6平5
③ 兵四进一　象7进9
④ 兵四进一

红方进兵卡住象眼，完成对黑将的控制，此时，黑方只能走双象。

④ ……　　象9进7
⑤ 炮四平五

红方控制中路，迫使黑方回象解将。

⑤ ……　　象7退5
⑥ 帅六进一

红方等着，让黑方双象失联。

⑥ ……　　象3进1
⑦ 炮五进七

红方得象胜定。

第2题

红胜。

红方帅和兵分别控制黑方两肋，这是取胜的基础。

① 炮五退二

红方退中炮，以后可以利用红相作炮架，控制黑方中路。

① ……　　将6退1
② 兵四进一　象3退1
③ 炮五平四　将6平5
④ 兵四进一　象1进3
⑤ 兵四进一

红方冲击黑方象眼，完成对黑将的控制。

⑤ ……　　象5退3
⑥ 炮四平五

红方平中炮，准备谋象。

⑥ ……　　象3退1
⑦ 相三进五　象3进5
⑧ 炮五进七

红方得象胜定。

三、残局拓展练习

第1题

① 兵七平六　士5进4
② 兵六进一　炮7退4
③ 炮三进七

形成炮兵相例胜双象残局。

③ ……　　将4平5
④ 帅五平四

红方平帅控制黑将，简单明了。

④ ……　　象5退7
⑤ 炮三退一　象7进5
⑥ 炮三平六　象5退3
⑦ 炮六退五　象7退9
⑧ 兵六进一　象3进1

黑将被控制住，黑方只能动象。

⑨ 炮六平五

红方平炮控制中路，迫使黑方献象。

⑨ ……　　象1进3
⑩ 相七退五　象3退5
⑪ 炮五进六

红方可再用相同方法谋取另一象，

红方胜定。

第 2 题

① 兵二平三　象 3 退 1
② 兵七平六　将 5 平 4
③ 车四退一　士 5 进 6
④ 炮八平四

交换后形成炮兵相对单士象残局，红方要对黑方士、象各个击破。

④ ……　　将 4 进 1
⑤ 炮四平一　象 1 进 3
⑥ 兵三平四　象 3 退 5
⑦ 相五进七　象 5 进 7
⑧ 炮一平四　将 4 进 1
⑨ 炮四退二

得士以后，红方胜定。

四、中局练习

第 1 题

① 相五退三

红方退相困黑炮，精妙。

① ……　　士 5 进 6
② 马三退二　将 6 平 5
③ 马二退三　卒 1 进 1
④ 马三退二

红方退马困黑马，黑方马炮被红方死死困住，败势。

④ ……　　士 4 进 5
⑤ 马五退六　象 5 退 7
⑥ 兵五进一（红方胜定）

第 2 题

① 马八进七

红方进马困黑马，这是取胜的关键。

① ……　　炮 1 平 6
② 后马进八　炮 6 退 4

黑方如改走炮 6 退 5，炮九进四，炮 6 进 1，兵六进一，炮 6 平 4，马八进六，将 5 平 4，马七退九，红方得子。

③ 马八进六　炮 6 退 1
④ 兵六进一　士 5 进 4

黑方如炮 6 平 4，则兵六进一，马 7 退 9，兵六平五，将 5 平 4，兵五进一，将 4 进 1，马七退六，士 6 进 5，马六进八，将 4 进 1，炮九进二，绝杀。

⑤ 马七退八　士 6 进 5
⑥ 马六进八

红方得子大优。

五、布局练习

① 炮二平五　马 8 进 7
② 马二进三　车 9 平 8
③ 车一平二　炮 8 进 4
④ 兵三进一　炮 2 平 5
⑤ 马八进七　马 2 进 3
⑥ 车九平八　卒 3 进 1
⑦ 炮八进四　炮 8 平 7
⑧ 炮八平七　车 8 进 9
⑨ 马三退二　象 3 进 1
⑩ 车八进一　车 1 平 2

⑪ 车八平三　车2进3

⑫ 车三进二　车2平3

六、记忆力练习

第15天

一、杀法练习

第1题

① 马二进三　车6退3

② 炮六平五　马5进6

③ 车九平八　车9平7

④ 相一退三　车6平7

⑤ 兵六进一

第2题

① 炮五平六　马3进4

② 兵五平六　车3退7

③ 炮一进一　炮1平8

④ 兵三平四　炮8退8

⑤ 兵四平五

第3题

① 车五进二　将4进1

② 仕五退六　车9平5

③ 帅五进一　卒7平6

④ 马五进四　士6进5

⑤ 车五平六

二、残局练习

第1题

和棋。

这一局和棋的关键是黑将占中路，同时必须注意红方帅与兵的动向。

① 炮一平五　炮5平6

黑方平炮正确，黑炮必须在红帅的一侧，如改走炮5平4，红方炮五退六，再伺机帅四平五兑炮占中，红胜。

② 炮五退六　炮6平4
③ 兵六平五　将5平4
④ 帅四平五　将4平5

黑方平将牵制，简明。

⑤ 帅五平六

红方如果进兵，因无炮架而形成和局。

⑤ ……　　将5平6

黑方注意红兵的动向，可以不败。

第2题

红胜。

① 相五进三　将4进1
② 炮九进二　将4退1
③ 炮九平六

红方兑炮好棋，逼黑炮让路。

③ ……　　将4平5
④ 炮六退五　炮4进4
⑤ 兵五平六　炮4平1
⑥ 兵六进一　炮1平2
⑦ 炮六平五　炮2进3
⑧ 帅四退一　炮2进1
⑨ 帅四退一

以下红方再退相胜。

三、残局拓展练习

第1题

① 车五平六　车3平4
② 车六进二　将4进1
③ 帅五进一　炮2平4
④ 炮八退六

红方以仕换卒，转换成炮高兵胜单炮残局。

④ ……　　炮4进7
⑤ 炮八平四　炮4退5
⑥ 炮四退二　炮4进1
⑦ 兵九平八　炮4进6
⑧ 兵八平七　炮4退6
⑨ 炮四平六　炮4平5
⑩ 炮六平五　将4平5
⑪ 炮五进六（红方胜定）

第2题

① 兵六平五　炮4平3
② 帅五平六　炮3退4
③ 炮五平六　将4平5
④ 炮六进七　炮3平5
⑤ 兵五平四　将5平4
⑥ 炮六退一　5平4
⑦ 兵四平五　将4平5
⑧ 炮六平七　炮4平5
⑨ 兵五平四　炮5平4（和棋）

四、中局练习

第1题

① 车五平七　炮3平1
② 车六平九　炮1平2
③ 车七平八　炮2平3
④ 车九平七　炮3平1
⑤ 车八退一　炮1进2
⑥ 车七平九　炮1平6
⑦ 仕五退四（红方得子）

第2题

① 马四进二　车4进5
② 车二平一　马5退3

黑方如改走马5进3，车一平三，

红方大优。

③ 炮三进三　象5退7
④ 车一平三　马3进4
⑤ 车三进二　士4进5
⑥ 车三退四　车4平5
⑦ 车三平八　炮2进1
⑧ 马二进三（红优）

五、布局练习

① 炮二平五　马8进7
② 马二进三　车9平8
③ 车一平二　炮8进4
④ 兵三进一　炮2平5
⑤ 马八进七　马2进3
⑥ 兵七进一　车1平2
⑦ 车九平八　车2进4
⑧ 炮八平九　车2平8
⑨ 车八进六　炮8平7
⑩ 车二平一　炮5平6
⑪ 车八平七　象7进5
⑫ 兵七进一　士6进5

六、记忆力练习

第16天

一、杀法练习

第1题

① 车五退三　象7进5
② 车五平九　车9平5
③ 仕四退五　炮9退3
④ 车九进四　将4进1
⑤ 马四退五

第2题

① 车五进一　象7退5
② 炮二平四　炮9平6
③ 仕五退四　车9平5
④ 仕四退五　卒7进1
⑤ 马四进五

第3题

① 炮一进五　象5退7
② 车二平九　炮6平4
③ 炮七平五　士5退4
④ 车九平五　士4进5
⑤ 车五进一

二、残局练习

第1题

和棋。

黑车占中，红方无法抢占中路，是和棋的最基本形势。

① 车四进四　将5进1
② 兵四平五　车5进1
③ 兵五平六　车5进1
④ 车四进一　将5平4
⑤ 兵六平七　将4退1
⑥ 车四平六　将4平5
⑦ 车六平四　车5进1
⑧ 兵七平六　将5平4（和棋）

第2题

红胜。

车单士一般难和车高兵有仕相，例如本局形势，红方高兵雄踞中路有车掩护，又有一相可以飞中遮帅，黑方无法防守。

① 兵五进一　将6进1
② 相七进五　车6进1
③ 车五平三　车6退1
④ 帅五进一　车6进1
⑤ 车三退二　车6退2
⑥ 车三平四　车6进5
⑦ 帅五平四

红方得士胜。

三、残局拓展练习

第1题

① 车七平五　将5平6
② 车五平七　卒2平1
③ 车七平四　将6平5
④ 车四平五　将5平6

⑤ 车五退一　卒1平2
⑥ 车五进三　车2平3
⑦ 帅六进一　卒2平3
⑧ 帅六平五　车3平6
⑨ 车五进二　车6退1
⑩ 帅五进一　卒3平4
⑪ 帅五平六（和棋）

第2题

① 车七进六　将4退1
② 车七退四　车5平4
③ 仕五进六　将4退1
④ 车七进四　将4退1
⑤ 兵四进一　车4平5
⑥ 帅五平六　士6退5
⑦ 车七进一　将4进1
⑧ 兵四平五　车5进1（和棋）

四、中局练习

第1题

① 炮三进二

红方如改走炮四进六，马1退3，炮三进二，马3退5，虽属红优，但是战线漫长。

① ……　　将4进1
② 马三退五

红方伏有炮四进六的手段。

② ……　　炮5平6
③ 炮四进七　前车进4
④ 炮四平八　车2平4

⑤ 仕五退六　马 1 退 2

⑥ 炮三平八

红方得子大优。

第 2 题

① 车七进一　将 4 进 1

② 炮九平四

红方平炮打士,这是突破的好棋。

②……　　　炮 7 退 3

③ 炮四退一

红方退炮好棋,黑方左右难以兼顾。

③……　　　士 5 退 6

④ 车二进四　车 6 平 7

⑤ 车七平四　马 6 退 8

⑥ 马四进二　车 7 退 2

⑦ 炮四退八　车 5 退 1

⑧ 车四退一　将 4 退 1

⑨ 车二退二　车 7 平 8

⑩ 车二退一　车 5 平 8

⑪ 车四平三（红方得子胜定）

五、布局练习

① 炮二平五　马 8 进 7

② 马二进三　车 9 平 8

③ 车一平二　卒 7 进 1

④ 车二进六　马 2 进 3

⑤ 马八进七　卒 3 进 1

⑥ 车九进一　炮 2 进 1

⑦ 车二退二　象 3 进 5

⑧ 兵三进一　炮 2 进 1

⑨ 兵七进一　炮 8 进 2

⑩ 车九平六　士 4 进 5

⑪ 兵五进一　车 1 平 3

⑫ 马七进五　马 3 进 4

六、记忆力练习

第 17 天

一、杀法练习

第 1 题

① 兵七进一　将 4 平 5
② 车八进四　卒 5 进 1
③ 帅五进一　车 7 进 3
④ 车八平五　车 7 平 5
⑤ 炮二进五

第 2 题

① 车七进三　炮 6 退 1
② 炮五进五　士 5 进 4
③ 车八平六　炮 6 平 2
④ 车七平六　将 5 进 1
⑤ 前车退一　将 5 退 1
⑥ 马六进四

第 3 题

① 马六退五　马 7 退 5
② 马七退五　士 6 退 5
③ 前马进三　将 6 进 1
④ 马三退二　将 6 平 5
⑤ 炮八平五

二、残局练习

第 1 题

和棋。

本局是车士守和车高兵的典型范例，主要是黑方中车占据中卒位置，可控制红方七路兵不能由中路进攻。

① 兵七平六　士 5 退 4
② 车七平二　士 4 进 5
③ 车二进一　士 5 退 6
④ 兵六平五　车 5 退 1

黑方退车跟住红兵可保住中路。

⑤ 兵五平四　车 5 平 6（和棋）

第 2 题

红胜。

黑方防守出现问题，红方可以巧胜。

① 车一平四　将 5 平 4
② 兵六平七　士 6 退 5
③ 帅四进一　车 5 退 2
④ 仕六退五　车 5 进 2
⑤ 车四平二　士 5 进 6
⑥ 车二平八　车 5 平 6
⑦ 仕五进四　将 4 平 5
⑧ 车八平五　将 5 平 4
⑨ 帅四平五（红胜）

三、残局拓展练习

第 1 题

① 马二进四　士 5 退 6
② 车九平六　将 4 平 5
③ 兵三进一　士 6 进 5
④ 车六平九　车 3 平 7
⑤ 车九进二　士 5 退 4
⑥ 兵三平四

形成车兵仕相全胜车单士的残局。

⑥ ……　　车 7 平 6
⑦ 兵四平五　车 6 平 2
⑧ 车九退四　车 2 平 5

⑨ 兵五平四　车 5 平 6
⑩ 车九平五　将 5 平 6
⑪ 兵四平五　将 6 平 5
⑫ 车五平一　车 6 进 2
⑬ 车一进三　车 6 进 1
⑭ 车一平六　车 6 平 5
⑮ 兵五平四　士 4 进 5
⑯ 兵四进一

红方下着帅五平六，胜定。

第 2 题

① 车五进二　后车平 5
② 车四平六　士 6 进 5
③ 兵八平七　车 5 平 4
④ 车六平三　车 4 平 5
⑤ 兵七平六　将 5 平 4
⑥ 兵六平五　车 5 平 4
⑦ 车三退二　车 4 进 4
⑧ 车三平五　将 4 进 1
⑨ 兵五进一　士 5 进 4
⑩ 相五退七　车 4 退 2
⑪ 车五退二　车 4 退 2
⑫ 车五平六　车 4 进 1
⑬ 仕五进六（红方胜定）

四、中局练习

第 1 题

① 炮五进四　车 3 退 2
② 车八进二

红方进车准备形成帅、双车"三把手"的杀势。

② ……　　车 9 退 2
③ 帅五平六　车 9 平 5
④ 车六进五　卒 3 进 1
⑤ 车八退一

红方退车细腻，如先走车八平六，则炮 3 平 4 弃炮，红方战线较长。

⑤ ……　　炮 3 退 1
⑥ 车八平六　车 5 退 1
⑦ 前车平五

红方得子大优。

第 2 题

① 车三平四

红方平车叫杀，算度精确。

① ……　　车 7 平 5
② 炮九平五　车 5 平 6

黑方如改走车 5 进 1，仕四进五，黑方无法抽车。

③ 炮五平三　后炮进 3
④ 马三退五　车 6 退 4
⑤ 马五退三

红方紧紧抓住黑方底线的弱点，不断施加压力。

⑤ ……　　象 3 进 5
⑥ 车八平七　车 6 进 4
⑦ 车七退二　车 6 平 7
⑧ 车七平五　车 7 进 1
⑨ 相七进五（红优）

五、布局练习

① 炮二平五　马 8 进 7

② 马二进三　车 9 平 8
③ 车一平二　卒 7 进 1
④ 车二进六　马 2 进 3
⑤ 马八进七　卒 3 进 1
⑥ 车九进一　炮 2 进 1
⑦ 车二退二　象 3 进 5
⑧ 兵三进一　卒 7 进 1
⑨ 车二平三　马 7 进 6
⑩ 车九平四　炮 2 进 1
⑪ 车四平二　士 4 进 5
⑫ 兵七进一　卒 3 进 1

六、记忆力练习

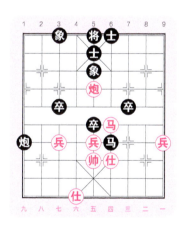

第 18 天

一、杀法练习

第 1 题

① 炮一进四　将 5 退 1
② 兵五进一　将 5 平 4
③ 炮五平六　炮 4 进 2
④ 兵五进一　炮 4 退 1
⑤ 兵五平六　将 4 平 5
⑥ 兵六平五

第 2 题

① 炮二进四　士 6 进 5
② 炮二退二　士 5 退 6
③ 兵四进一　将 5 平 4
④ 兵四平五　将 4 进 1
⑤ 车一退一　炮 6 退 3
⑥ 车一平四

第 3 题

① 马四进三　将 5 平 6
② 车二退一　士 5 进 6
③ 车二平四　士 4 进 5
④ 马七进五　马 6 退 7
⑤ 前车进一　马 7 退 6
⑥ 车四进五

二、残局练习

第 1 题

和棋。

这则残局是炮士象全守和车兵中

最为经典的一则残局。在过去，红方可以利用规则取胜，是红方巧胜的一则残局。而按现行的象棋竞赛规则，则是双方例和的残局。

① 车九进二　象 7 进 9
② 车九退三　象 9 退 7
③ 车九平三　炮 4 平 3
④ 车三进一　炮 3 平 4

在 1999 年以前的象棋竞赛规则中，炮 4 平 3 这着棋的性质被定义为捉相，炮 3 平 4 这着棋的性质被定义为捉士，这是红方为什么要把仕、相调整成高相、高仕的原因，主动送给黑炮去吃，让黑方形成连续的"捉"，不得不变着，炮只能被迫离开防守要点。而现在的行棋规则把这两着棋定义成"闲"，即当进攻方只有一个进攻子力时，附带的捉仕、相为闲。

⑤ 帅五进一　炮 4 平 3
⑥ 帅五退一　炮 3 平 4
⑦ 车三退一　炮 4 平 3
⑧ 车三平七　炮 3 平 4
⑨ 车七进三　象 7 进 9（和棋）

第 2 题
和棋。

① 兵七平六　炮 9 退 3
② 车二进四　炮 9 退 1
③ 车二退一　将 5 平 6
④ 车二平五　炮 9 进 1
⑤ 车五平一　炮 9 平 4

⑥ 车一进二　将 6 进 1
⑦ 车一平七　炮 4 退 1（和棋）

三、残局拓展练习

第 1 题

① 兵三进一　卒 7 进 1
② 相五进三　车 2 平 5
③ 炮五平四　卒 4 进 1
④ 车五退一　炮 5 进 1
⑤ 炮四退二　卒 4 进 1
⑥ 车五进一　车 5 进 3
⑦ 炮四退三　象 5 进 7
⑧ 相三进五　卒 4 平 5
⑨ 相三退五　车 5 进 1
⑩ 炮四进二（和棋）

第 2 题

① 炮四退五　卒 5 进 1
② 车九平六　卒 5 进 1
③ 车六退三　车 9 平 4
④ 炮四平九　卒 5 进 1
⑤ 仕六进五　士 4 进 5
⑥ 炮九进一　车 4 退 1
⑦ 炮九平六　车 4 平 2
⑧ 炮六退二　卒 5 平 4
⑨ 炮六平七（和棋）

四、中局练习

第 1 题

① 兵七进一

红方弃兵引离黑车，为车炮进攻做准备。

① ……　　　车 2 平 3
② 炮八进七　士 4 进 5
③ 车九平六　车 3 平 2
④ 炮八平九　车 8 平 7
⑤ 车五平七

红方平车杀卒，攻势全面展开。

⑤ ……　　　士 5 进 4
⑥ 车七进三　将 5 进 1
⑦ 车七退一　将 5 退 1
⑧ 车六平七

红方平车叫杀正确，如改走车六进七，车 2 进 5，黑方有简化局面的机会。至此，红方攻势猛烈，大优。

第 2 题
① 炮七平三

红方平炮拦车，伏有马五进三的杀着。

① ……　　　马 6 进 7
② 炮三退五　炮 3 平 4

黑方如改走车 7 进 2，马五进七，红方速胜。

③ 炮三平二　士 5 进 6
④ 车六进一

红方进车打将，不给黑方调整双士的机会。

④ ……　　　将 5 进 1
⑤ 马五退六（红方大优）

五、布局练习

① 炮二平五　马 8 进 7

② 马二进三　车 9 平 8
③ 车一平二　卒 7 进 1
④ 车二进六　马 2 进 3
⑤ 马八进七　卒 3 进 1
⑥ 车九进一　士 4 进 5
⑦ 车九平六　炮 2 平 1
⑧ 兵五进一　车 1 平 2
⑨ 马三进五　炮 1 进 4
⑩ 炮八平九　炮 1 平 5
⑪ 马七进五　马 7 进 6
⑫ 车六进二　卒 7 进 1

六、记忆力练习

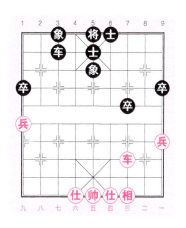

第19天

一、杀法练习

第1题

① 马五进七　炮4进1
② 炮三平六　马5退4
③ 炮六退一　将5平4
④ 车三平六　车7进5
⑤ 炮六平一　士5进4
⑥ 车六进一

第2题

① 马六进七　将5平4
② 炮四平六　将4进1
③ 炮二退一　象1退3
④ 车七平六　马3退4
⑤ 车六进一　将4进1
⑥ 马七退六

第3题

① 车六平七　前卒平6
② 帅四进一　卒8平7
③ 帅四进一　将5退1
④ 车七进二　将5进1
⑤ 炮九进六　将5进1
⑥ 车七退二

二、残局练习

第1题

红胜。

由于黑方河口象的位置不好，恰巧被车兵所管住，不能走成和局。

① 车六进三

红方这一步棋可使黑方双象失去活动机会。

① ……　　炮4平1
② 车六平五　士5进4
③ 兵五平四

红兵塞象眼，助红车捉河口象。

③ ……　　象7退9
④ 车五平九　炮1平3
⑤ 车九进二

红方捉双得士胜。

第2题

红胜。

① 兵三进一　炮6进5
② 兵三平四　炮6退4

黑方如改走炮6平7，车二进四，炮7退6，车二平一，红方得象胜定。

③ 车二进四　象9退7
④ 车二平三　士5退6
⑤ 兵四进一　将5进1
⑥ 车三退一　炮6退1
⑦ 帅五平四（红方胜定）

三、残局拓展练习

第1题

① 车六平九　车5退3
② 车九平五　炮6平1
③ 兵一进一　象5进7

④ 车五平九　炮 1 平 2
⑤ 车九平八　炮 2 平 1
⑥ 车八平四　象 7 进 5（和棋）

第 2 题

① 车六进一　将 5 进 1
② 帅六平五　象 7 进 9
③ 车六平一　象 9 进 7
④ 兵一进一　卒 9 进 1
⑤ 车一退五　炮 9 平 8
⑥ 车一平三　将 5 平 4
⑦ 车三平六　将 4 平 5
⑧ 车六进一　象 7 退 9
⑨ 车六平二　炮 8 平 7
⑩ 车二平一　象 9 退 7
⑪ 车一平三（红胜）

四、中局练习

第 1 题

① 炮五进四　车 7 平 5

黑方如改走车 4 平 3，车二进二，车 7 平 5，车四平五，红方可速胜。

② 炮五进二

红方弃炮打士，入局妙手。

②　……　　士 6 进 5
③ 车二进一　象 5 进 7
④ 炮七平五

红方再平中炮锁定胜局。

④　……　　车 5 进 1

黑方如改走车 4 平 3，车四平五，将 5 平 6，车五平四，红胜。

⑤ 相七进五　士 5 进 6
⑥ 兵三进一（红方胜定）

第 2 题

① 马六进四　将 5 进 1
② 马二退四

红方伏有前马进二，将 5 平 6，车八平六，马 4 退 5，车六退一的杀棋。

②　……　　车 3 平 6
③ 炮七进五

红方进炮叫杀，伏车八退一的杀着。

③　……　　将 5 平 6
④ 后马进二　将 6 进 1
⑤ 车八平六　士 6 进 5
⑥ 车六平三　车 6 平 8
⑦ 车三退三　车 8 平 6
⑧ 车三进二（绝杀红胜）

五、布局练习

① 炮二平五　马 8 进 7
② 马二进三　车 9 平 8
③ 车一平二　卒 7 进 1
④ 车二进六　马 2 进 3
⑤ 马八进七　卒 3 进 1
⑥ 车九进一　士 4 进 5
⑦ 车九平六　马 7 进 6
⑧ 兵五进一　卒 7 进 1
⑨ 车二平四　马 6 进 7
⑩ 马三进五　炮 8 平 7
⑪ 马五进三　马 7 退 5
⑫ 车四平二　车 8 进 2

六、记忆力练习

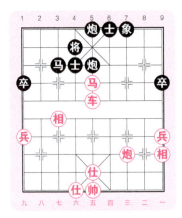

第20天

一、杀法练习

第1题

①兵四平五　车2退6

②马六进七　车2平3

③炮二平四　车3进1

④炮四退二　象7进9

⑤炮四平三　卒6进1

⑥炮三进二

第2题

①兵七进一　卒8进1

②兵四进一　卒5进1

③炮五平三　卒5平6

④帅四平五　卒6进1

⑤帅五进一　卒6平5

⑥炮三进一

第3题

①马八进六　将5退1

②马六进七　将5进1

③兵四进一　将5平4

④马七退六　卒8进1

⑤帅四进一　马2退1

⑥马六进四

二、残局练习

第1题

红胜。

① 车二退四　炮1进4
② 车二退二

红方退车捉炮之后,车炮同线,使黑炮失掉防守作用,必然得士而胜。

②　……　　卒1进1
③ 车二平四　士5进6
④ 帅五平四　士4进5
⑤ 车四平二　士5进4
⑥ 车二进五　将6退1
⑦ 车二平六(红胜)

第2题

红胜。

① 车二退四　炮2平1
② 车二平四　士5进6
③ 帅五平四　士4进5
④ 车四平二　士5进4
⑤ 车二进二　士4退5
⑥ 车二进一　将6退1
⑦ 车二平五(红胜)

三、残局拓展练习

第1题

① 车八进二　炮1平3
② 相五进七　车3进1
③ 兵六平七　炮3退3
④ 车八退二　炮3进6
⑤ 车八平一　炮3平2
⑥ 车一平六　士5进4
⑦ 帅五平六　士6进5
⑧ 车六平八(红胜)

第2题

① 车八平五　卒5平6
② 炮五平四　士6退5
③ 炮四进八　士5退6
④ 车五平四　卒6平7
⑤ 车四进四　炮4平5
⑥ 兵九进一　卒7进1
⑦ 兵九平八　士4退5
⑧ 车四退一(红方胜定)

四、中局练习

第1题

① 马九进八

红方进马准备长途奔袭。

①　……　　车9平8
② 马八进六　车4退1

黑方如改走车8进3,马六进五,车8平5,车九平七,士5退4,前车平六,将5进1(如改走车4退1,马五进七,双将),车六平四,红方胜势。

③ 马六进七　炮6平3
④ 车七进二　车8进3
⑤ 车七进二　车8平4
⑥ 车七平六　车4退3
⑦ 车九退二(红方胜势)

第2题

① 炮六平七

红方平炮是很隐蔽的攻击手段,更是当前局面下最佳的应着。这着棋的作用在于利用黑方缺象的弱点,下一着马七进八打死黑方底车。

① ……　　将 5 平 6

黑方如改走车 2 平 3，则炮八进三，牵住黑方底车。黑方如续走马 7 进 6，车五平三，捉双，红大优；又如改走将 5 平 6，仕四进五，炮 7 进 1，车八进五，伏有炮七平九再炮九进一打死车的手段，红大优。

② 炮八平四　　车 6 进 1

③ 车八进八

红方得子。

③ ……　　车 6 进 6

④ 帅五进一　　马 7 进 6

⑤ 车五平三　　炮 5 平 7

⑥ 炮七进一　　将 6 进 1

⑦ 车三退二（红方胜势）

五、布局练习

① 相三进五　　炮 8 平 4

② 马二进三　　马 8 进 7

③ 车一平二　　卒 7 进 1

④ 炮二平一　　马 2 进 3

⑤ 马八进九　　卒 3 进 1

⑥ 炮八平六　　马 3 进 2

⑦ 车二进四　　车 9 平 8

⑧ 车二进五　　马 7 退 8

⑨ 炮一进四　　炮 2 退 1

⑩ 炮一退一　　炮 4 平 2

⑪ 车九进一　　象 3 进 5

⑫ 车九平二　　马 8 进 7

六、记忆力练习

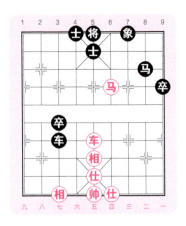

第21天

一、杀法练习

第1题

① 兵二平三　将6退1
② 兵六进一　士5退4
③ 马五进六　车5平4
④ 帅六进一　卒6平5
⑤ 帅六平五　卒2进1
⑥ 兵三进一

第2题

① 马九退七　将4平5
② 兵七进一　卒1平2
③ 马七进五　卒5平4
④ 帅六平五　前卒进1
⑤ 帅五进一　前卒平3
⑥ 马五进七

第3题

① 兵四平五　士6进5
② 车七平五　车9平6
③ 车四退一　马3退5
④ 车四进五　将4进1
⑤ 炮四进七　将4进1
⑥ 车四平六

二、残局练习

第1题

红胜。

① 炮二平五

这是红方唯一可胜的战机。红方巧妙地借用了黑将当炮架，终于把黑车驱逐出中线。

① ……　　将5平6
② 车六退四　车5平6

黑方如改走车5退4，车六平四，将6平5，车四平五，红方抽车。

③ 车六平五

红车占得中线，胜局已定。

③ ……　　将6退1
④ 炮五平二

红方先分炮于侧翼，以后进帅，采用"海底捞月"的战术。这是车炮占中胜单车的必要步骤。

④ ……　　将6退1
⑤ 帅六平五

形成红方"海底捞月"的基本图形。

⑤ ……　　车6退2
⑥ 车五进五　将6进1
⑦ 炮二平四　车6平8
⑧ 车五退三

以下黑将只要吃炮，则车五平四，红胜。

第2题

红胜。

① 车二进七　将6进1
② 车二平五　将6进1
③ 车五退一

红方获胜的关键之着。这样可以逼黑车让出中路。

③……　　车5平6
④帅六平五

以下红方以"海底捞月"杀法取胜。

④……　　车6退2
⑤炮五平二　车6平8
⑥车五退四　车8平6
⑦炮二进七　将6退1
⑧车五进四　将6退1
⑨车五进一　将6进1
⑩炮二平四　车6平7
⑪车五退四（红胜）

三、残局拓展练习

第1题

①炮七平五　象5退7
②车六平五　将5平4
③炮五平六　象7进5

黑方只能弃象解杀。

④车五进一　车3退3
⑤炮六进四　车3退4
⑥车五进一　将4退1
⑦炮六进一　车3进1
⑧炮六平九（红方胜定）

第2题

①车五进三　车6退4
②车五进一　将6进1
③车五退一　将6退1
④兵一进一　车6退1
⑤车五平七　车6平5
⑥帅五平六　车5平9

⑦车七平五

红方先占中车，再进中将，形成车炮例胜单车残局，红方胜定。

四、中局练习

第1题

①炮一进三　车7退9

黑方如改走象5退7，车四进一，红方得子。

②马二进三　将5平4
③车四平六　士5进4
④炮五平六　将4进1
⑤炮一退一　士6进5
⑥车六平三　卒5平4
⑦马三退五

红方抽车胜势。

第2题

①马六退八　卒9进1
②马八进七　象3进1
③马七退九　将5平6
④炮七进八　将6进1
⑤炮七平一

红方得子占优。

五、布局练习

①相三进五　炮8平4
②马二进三　马8进7
③车一平二　卒7进1
④兵七进一　车9平8
⑤马八进七　象3进5
⑥车九进一　士4进5

⑦ 车九平六　马2进1

⑧ 炮二进四　卒3进1

⑨ 炮二平九　车1平3

⑩ 车二进九　马7退8

⑪ 车六进五　马8进7

⑫ 兵七进一　车3进4

六、记忆力练习

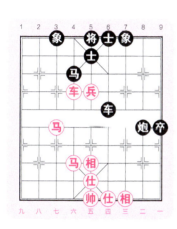

第22天

一、杀法练习

第1题

① 兵七平六　士5进6

② 车七平二　车9平6

③ 兵四进一　将5平6

④ 前车进一　象5退7

⑤ 前车平三　将6进1

⑥ 车二进四

第2题

① 炮八进七　象5退3

② 兵三平四　车1进5

③ 车七退四　车1平3

④ 相五退七　士5进6

⑤ 兵七平六　车9进9

⑥ 兵六进一

第3题

① 马七退六　车3平4

② 帅五平六　卒4进1

③ 帅六平五　卒4平5

④ 仕四退五　士6退5

⑤ 兵六进一　将5平6

⑥ 兵六平五

二、残局练习

第1题

和棋。

车士对车炮方车占中线的形势，只

有用右高士阵形,才能守成和局。否则,车炮方有很多巧胜的机会。

① 车五进七　车6平8

② 车五退五　车8平6

黑方的防御要点在于车占肋线护将的同时,用车掩护黑士,三子互保。

③ 炮二平九　车6进4

④ 炮九退九　车6退4

⑤ 炮九平六　车6进4

⑥ 车五进三　车6进1

黑方等一着,红车不能吃士,如红方改走车五平六,车6平5,杀棋。所以红方既无法吃士,又不能形成"海底捞月"之势,和棋。

第2题

红胜。

① 炮八平二

红方平炮后再退炮,这是红炮迂回的最佳路线。

① ……　　　将6退1

② 炮二退八　车4退1

③ 炮二平四　士6退5

④ 车五平四　将6平5

⑤ 车四平一

红方平车叫杀,紧凑。

⑤ ……　　　将5平6

⑥ 炮四平五

红方摆空心炮,不让黑方进将。

⑥ ……　　　将6进1

⑦ 车一平四　士5进6

⑧ 炮五平四　车4进1

⑨ 车四平五　士6退5

⑩ 车五进六

红方得士后,再用"海底捞月"杀棋。

三、残局拓展练习

第1题

① 车四平五　士6进5

② 车五平六　将5平4

③ 炮五平六　将4平5

④ 车六进三　车8进3

⑤ 车六退二

形成车炮单相胜车单士残局,红方胜定。

第2题

① 车七平五　车4退3

② 车五平一　车4平5

③ 帅五平四　车5退4

④ 车一平六　将4平5

⑤ 车六平五　象7退5

⑥ 帅四平五　车5平7

⑦ 车五进一　将5平4

⑧ 车五退二

红方中车中将,和棋。

四、中局练习

第1题

① 炮一平五　士4进5

② 车二进六

红方沉底车,准备使用"大刀剜心"的杀势。

② …… 车1进3

③ 车四平五 将5平4

④ 车五平四

红方平车紧凑有力。

④ …… 车1平7

⑤ 车四进一 将4进1

⑥ 相五进三 车2平5

⑦ 车二退一 炮7进1

⑧ 炮五平一（红方大优）

第2题

① 炮九进三 炮1平2

黑方如改走车7平3，车八进六，象7进5，兵七平六，车3退2，兵六进一，红方胜势。

② 相七进五 车7平8

③ 兵七平六 车8退2

④ 车八进一

红方交换子力，简化局势。

④ …… 车8平5

⑤ 车八进五

红方抓住黑方底象失联的弱点发动猛攻。

⑤ …… 车5平4

⑥ 炮九平七 士4进5

⑦ 炮七退二 士5退4

⑧ 炮七平四（红方得子）

五、布局练习

① 相三进五 炮8平4

② 马二进三 马8进7

③ 车一平二 卒7进1

④ 兵七进一 车9进1

⑤ 炮二平一 车9平3

⑥ 车二进四 象3进5

⑦ 马八进九 卒3进1

⑧ 炮八平七 马2进1

⑨ 车九平八 炮2平3

⑩ 炮七平六 卒3进1

⑪ 车二平七 炮3进2

⑫ 车八进七 士4进5

六、记忆力练习

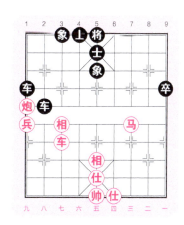

第 23 天

一、杀法练习

第1题

① 炮二平六　车4退1
② 仕五进六　车2平9
③ 马三进四　士6退5
④ 前车平六　将4平5
⑤ 车六进三　将5平6
⑥ 车二平四

第2题

① 马五进四　卒5平6
② 帅四进一　卒4平5
③ 帅四平五　象3进5
④ 马四进二　象5退7
⑤ 马二退三　将6进1
⑥ 炮五平四

第3题

① 车七进八　将4退1
② 炮一进七　车7退7
③ 马六进四　卒6平5
④ 仕四退五　卒4进1
⑤ 仕五退六　车7平9
⑥ 车七平六

二、残局练习

第1题

红胜。

① 车六进六　将5退1

② 仕五进六

红方借打将之机支仕，为以后退炮至底线做准备。

② ……　　车3进4
③ 帅六退一　车3进1
④ 帅六进一　车3平5
⑤ 炮五退一

红方退炮困车以后，攻击目标转向黑象。

⑤ ……　　象1进3
⑥ 车六退三　车5平3
⑦ 车六平五　将5平4
⑧ 炮五退一

这是红方取胜的关键环节。

⑧ ……　　将4退1
⑨ 帅六平五　象3退5
⑩ 车五进二（红方胜定）

第2题

红胜。

① 车六进六　将5退1
② 车六进一　将5进1
③ 仕五进六　象7进9

黑方如进车打将，红方思路与主变相同。

④ 车六退四　车3进6
⑤ 帅六退一　车3进1
⑥ 帅六进一　将5平6
⑦ 车六平四　将6平5
⑧ 车四平五　将5平6
⑨ 炮五平四

· 238 ·

这是红方取胜的另一种思路。

⑨ ……　　　车 3 退 1
⑩ 帅六退一　车 3 平 6
⑪ 仕六退五　将 6 退 1
⑫ 帅六进一

红方进帅保仕，以后帅六进一再帅六平五，形成"白脸将"杀法。

⑫ ……　　　车 6 平 7
⑬ 炮四退二　象 9 退 7
⑭ 帅六进一（红方胜定）

三、残局拓展练习

第 1 题

① 车五平六　将 4 进 1
② 炮二平六　车 6 进 4
③ 仕六退五　车 6 退 5
④ 炮六进六　车 6 平 5
⑤ 帅六进一　将 4 平 5
⑥ 仕五进六　将 5 平 4
⑦ 炮六退二　将 4 平 5
⑧ 炮六平二

转换成车炮单仕胜车单象残局，红方胜定。

第 2 题

① 车二退六　卒 5 进 1
② 炮四平五　士 6 进 5
③ 车二进六　士 5 退 6
④ 车二退三

红方利用顿挫战术，暴露出黑方中路的弱点。

④ ……　　　士 6 进 5
⑤ 车二平五　将 5 平 4
⑥ 炮五进二　士 5 进 4
⑦ 仕五退四　车 9 退 2
⑧ 车五平六　将 4 进 1
⑨ 仕六退五　将 4 平 5
⑩ 车六进一（红方胜定）

四、中局练习

第 1 题

① 马七进六

红方进马踏车，抓住黑方棋形的弱点，好棋。

① ……　　　车 6 退 1
② 车七进五　马 2 退 3
③ 马六进八

交换后，红方赚得一象，由此确立优势。以下黑方有车 6 平 2 和炮 2 退 1 两种走法。

第 1 种走法：

③ ……　　　车 6 平 2
④ 马八进六　马 3 进 4
⑤ 炮五平六　车 2 退 2
⑥ 炮六进五　士 5 进 4
⑦ 相三进五

黑方车炮被牵，红方以后冲中兵，胜势。

第 2 种走法：

③ ……　　　炮 2 退 1
④ 前兵平六

红方伏有兵五进一，车6平5，车八进二得子的手段。

④……　　将5平4

黑方如改走炮2平3，车八进二！黑方车炮被牵，红方大优。

⑤炮五平六　将4平5

黑方如改走炮2平4，红方有车八进二的妙手。

⑥炮六进二　车6退1

⑦车八进二

红方得子大优。

第2题

①车二退三

红方利用黑方7路线上的弱点，退车捉炮，这是争先的好棋。

①……　　炮5退1

②马五退四　车7平8

③马三进一

红方捉车叫杀，这是得子的关键。

③……　　马7退6

④车二进一　炮5平8

⑤马一进二

红方得子。

五、布局练习

①相三进五　炮8平4

②马二进三　马8进7

③车一平二　卒7进1

④兵七进一　炮2平3

⑤炮二进二　车9进1

⑥马八进七　卒3进1

⑦马七进六　车9平2

⑧车九平八　车2进3

⑨炮二平五　象3进5

⑩兵七进一　车2平3

⑪马六进五　马7进5

⑫车二进六　车3退1

六、记忆力练习

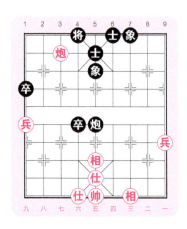

第24天

一、杀法练习

第1题

① 马五进六　士5进4
② 车二进八　将6退1
③ 马七进五　士4退5
④ 车二进一　将6进1
⑤ 马五退三　将6进1
⑥ 车二退二

第2题

① 后炮进四　车8退8
② 前炮平九　车8平6
③ 帅四平五　炮3平2
④ 炮九进三　炮2退6
⑤ 兵六进一　将5平6
⑥ 兵六平五

第3题

① 炮四退二　卒3平4
② 帅五进一　车6进3
③ 车三平五　将5平6
④ 车五进一　将6进1
⑤ 马八退六　将6进1
⑥ 车五平四

二、残局练习

第1题

红胜。

① 车六平四　将6平5
② 车四进三　象3进1
③ 车四退六　车5退1
④ 车四平七

红车控制双象，这是获胜的关键之着。

④ ……　　　将5平6

黑方如改走将5退1，车七进四，象1进3，车七进二，将5进1，车七退四，红胜。

⑤ 车七进五　将6退1
⑥ 车七平五

红方车占中心时，必须注意将双象分散，否则黑方车5平4照将后，车4进3跟炮，红方就要多费周折。

⑥ ……　　　车5平4
⑦ 帅六平五　车4进3
⑧ 车五退一　将6进1
⑨ 车五退二（红方胜定）

第2题

红胜。

① 车四平三　将5平6
② 炮五平四　将6平5
③ 炮四平二

红方弃仕破象，胸有成竹。与上一手平炮照将相呼应。

③ ……　　　车5平6
④ 炮二进八　象7进9

黑方如改走将5进1，车三进一，车6退6，炮二退一，红方胜定。

⑤ 车三平五　将5平6

⑥ 帅六平五　车6退3

黑方如改走象9进7，车五进二，将6进1，炮二平四，红胜。

⑦ 车五进二　将6进1

⑧ 炮二平四　车6平4

⑨ 车五退三（红胜）

三、残局拓展练习

第1题

① 车六进一　将5进1

② 车六平四　车9进1

③ 车四退四　车9平3

④ 车四平五　车3进3

⑤ 帅六进一　车3平5

⑥ 车五退二　象7进9（和棋）

第2题

① 车五平六　士5进4

② 车六平四　车6平4

③ 仕四退五　士6进5

④ 车四平七　卒3平2

⑤ 帅四退一　车4进4

⑥ 帅四平五　卒2进1

⑦ 车七进二　将4退1

⑧ 车七平五

吃掉中士以后，再车五退一吃掉另一个士，红方胜定。

四、中局练习

第1题

① 车九平七

红方平车巧用拦截战术，好棋。

① ……　　士5退4

黑方如改走炮3退7，炮六平三，士5退4，马九进七，车4退2，马七进六，红方攻势猛烈。

② 车七退六　炮3平1

③ 马九进七　车4退3

④ 炮九平六　车4退1

黑方如改走车7进2，车二进三，红方杀棋。

⑤ 马七进六　炮1退9

⑥ 马六退七

红方多子占势，大优。

第2题

① 兵五进一

红方进中兵，只此一着，这是突破黑方防线的好棋。

① ……　　炮2平1

② 车四退二　车2进2

黑方肋炮不能离线，否则红方车四进五杀棋。所以黑方只能进车坚守。

③ 兵五平四　炮1平6

④ 炮九进三　车2平3

⑤ 炮二退八

红方化解黑方车3进6的杀着后，多子胜定。

五、布局练习

① 相三进五　炮2平4

② 马八进七　卒3进1

③ 车九平八　马2进3

④ 兵三进一　车1平2
⑤ 马二进三　马8进7
⑥ 马三进四　车2进6
⑦ 炮八退一　象7进5
⑧ 炮八平三　车2进3
⑨ 马七退八　士6进5
⑩ 炮二平四　车9平8
⑪ 车一平二　炮8平9
⑫ 车二进九　马7退8

六、记忆力练习

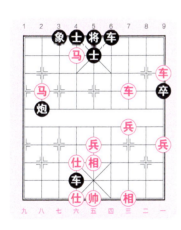

第25天

一、杀法练习

第1题

① 马四进三　士5进4
② 马三进四　士6进5
③ 马四进二　车9退1
④ 车三进二　将6进1
⑤ 车三退一　车9进2
⑥ 车三平四

第2题

① 炮三平五　车8退4
② 马四进六　将5平4
③ 马六进八　车8退3
④ 兵七进一　将4进1
⑤ 马八退七　将4进1
⑥ 车九进四

第3题

① 兵六平五　士6进5
② 车二进九　象5退7
③ 兵三平四　马3进2
④ 帅五进一　士5退6
⑤ 车二平三　车1进7
⑥ 车三平四

二、残局练习

第1题

和棋。

本局红方双炮不能取胜。因为三

路、七路没有炮架，无法击破双象。

① 炮五平四　将6平5
② 帅五平四　将5退1
③ 前炮平五　象5退7
④ 炮四平五　将5平4
⑤ 帅四平五　象3进5
⑥ 前炮平六　将4进1（和棋）

第2题

红胜。

双炮无仕相可以胜双士，因为士的行动被限制在九宫内，较易被擒获。

① 炮七平四　将6退1
② 炮九平四　将6平5
③ 帅六平五　将5平4
④ 前炮平六　将4平5
⑤ 炮六进二

红方进炮佳着，可以逼黑将平6路。

⑤ ……　　　将5平6
⑥ 炮六平五

至此已成杀局，黑方无法可解。

⑥ ……　　　将6进1
⑦ 炮五平四（红胜）

三、残局拓展练习

第1题

① 帅六退一　卒6平5
② 炮五平四　将6平5
③ 后炮平八　将5平6
④ 炮八进一　象7退9
⑤ 炮四平九　象9进7

⑥ 炮九退二　象7退9
⑦ 炮九平五

转换成双炮例胜双象残局，红方胜定。

第2题

① 兵三进一　将6进1
② 炮六平四　士5退6
③ 帅四平五　将6平5
④ 后炮平五　炮5进4
⑤ 炮五进二　将5进1
⑥ 帅五平六　士4退5
⑦ 炮四退二　士5退4
⑧ 兵三平四（红方胜定）

四、中局练习

第1题

① 前车平三

红方平车叫杀，已经算好可以棋快一着。

① ……　　　士5退4
② 炮七平九　炮8平5
③ 相七进五　车8进5

黑方虽然吃车，但是无法形成有效的攻势，这是红方弃车的依据所在。

④ 车三进三　将6退1
⑤ 马九进七　士4进5
⑥ 马七退五　士5退4
⑦ 马五进六　将6平5
⑧ 车三平五　将5平4
⑨ 马六退八

红方连将，直到最终马后炮成杀，一气呵成。

第2题

① 马七退五

红方退马，去掉黑车的根。这样红车可以牢牢地牵住黑方车炮，为最终谋子打下基础。

① ……　　马6进5
② 炮五进三　车8进1
③ 炮五进一　卒1进1
④ 兵八平七　车8退1
⑤ 兵七平六　卒5平6
⑥ 炮三平二　将5平4

黑方如改走卒6平7，车二平七，红方得车速胜。

⑦ 相三退五　卒6进1
⑧ 炮二进二（红方得子）

五、布局练习

① 相三进五　炮2平4
② 马八进七　卒3进1
③ 车九平八　马2进3
④ 兵三进一　车1平2
⑤ 马二进三　马8进7
⑥ 炮八进四　马3进4
⑦ 仕四进五　象7进5
⑧ 车一平四　炮8平9
⑨ 车四进五　马4退3
⑩ 马三进二　卒7进1
⑪ 马二进三　卒7进1

⑫ 车四进三　士6进5

六、记忆力练习

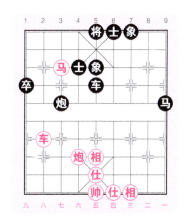

第26天

一、杀法练习

第1题

① 兵六进一　后马退8
② 兵四平五　士6进5
③ 兵五进一　将5平6
④ 兵六进一　马8进7
⑤ 帅四平五　马7退8
⑥ 兵六平五

第2题

① 兵四进一　马5进4
② 仕五进六　炮9退1
③ 兵四平五　士6进5
④ 兵五进一　将5平6
⑤ 兵六进一　炮9进8
⑥ 兵六平五

第3题

① 兵七平六　士4退5
② 兵六平五　将5平4
③ 车四退五　车5平4
④ 车四平七　车4进4
⑤ 仕五退六　马9退7
⑥ 车七进四

二、残局练习

第1题

和棋。

黑炮放在将的后面，双炮无仕，很难取胜。

① 炮五平四　炮1平6
② 炮四平二

如果红方兑炮，单炮无炮架，也是和局。

② ……　　　将6进1
③ 炮二进八　将6退1
④ 炮九进二　将6进1
⑤ 炮九平三　将6退1
⑥ 炮三进四　将6进1
⑦ 帅五退一　炮6平5
⑧ 炮二进一　将6退1（和棋）

第2题

和棋。

单炮守和双炮局。其守和方法是：黑炮退到将底，使红方无法抢夺纵线，不能做成重炮杀。

① 炮一退六　将6进1
② 炮二退四　炮6进1
③ 帅五退一　炮6退1（和棋）

三、残局拓展练习

第1题

① 帅五进一　炮5平9
② 炮六退一　炮9退3
③ 炮六平五　将5平4
④ 炮五进八　炮9平5
⑤ 炮五平三　将4进1

⑥ 炮三退三　炮5平4
⑦ 帅五平四　将4进1（和棋）
第2题
① 炮四退七　将4进1
② 炮四平六　炮8平7
③ 炮二平七　炮7平3
④ 炮六进三　将4进1
⑤ 炮六进三　炮3进1
⑥ 炮七退一　炮3平8
⑦ 炮六退六　炮8平5
⑧ 炮七平六　将4平5
⑨ 后炮平五　将5退1
⑩ 炮五进五（红方胜定）

四、中局练习

第1题
① 车五平七

红方平车，准备伺机车七进三占据黑方卒林线，车炮配合吃掉黑方边卒。

① ……　　车7平5
② 炮五平二　车5平8
③ 炮二平八　士5退4

黑方不能长捉红炮，8路线或2路线必须让出一条。

④ 车七进三　车8平4
⑤ 车七平九　车4进2
⑥ 炮八平五　士4进5
⑦ 车九退一

红方吃掉黑卒以后，黑方的9路卒

虽然可以保留，但是鞭长莫及，不能形成有效的防御。至此，双方形成车炮兵仕相全必胜车士象全的残局，红方胜定。

第2题
① 马三进五

红方兑子交换是解除黑车牵制的好棋。

① ……　　车7退7
② 马五进七　马1进3
③ 车八平七　马3退4
④ 车七进五

红方进车捉马，迫使黑马离开右翼，这样红方可以放手进攻。

④ ……　　马4进6
⑤ 炮八进三　士4进5
⑥ 车七进一　士5退4
⑦ 车七退五　士4进5
⑧ 马七进八（红方胜势）

五、布局练习

① 相三进五　炮2平4
② 兵七进一　马2进1
③ 马八进七　车1平2
④ 车九平八　车2进4
⑤ 炮八平九　车2平4
⑥ 马二进三　卒7进1
⑦ 炮二平一　马8进7
⑧ 车一平二　车9平8
⑨ 车二进四　象7进5

⑩ 车八进一　炮8平9

⑪ 车八平二　车8进5

⑫ 车二进三　炮9退1

六、记忆力练习

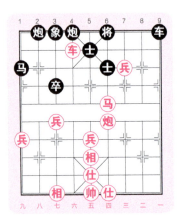

第27天

一、杀法练习

第1题

① 兵四进一　将6平5

② 马三进五　车9平5

③ 马五进三　车5平6

④ 马三退四　卒4平5

⑤ 马四进五　士4进5

⑥ 兵四进一

第2题

① 马二退三　将5平6

② 车一平二　马5退7

③ 车二平三　车1退5

④ 车三退一　将6退1

⑤ 车三进一　将6进1

⑥ 车三平四

第3题

① 炮一平四　士5退4

② 兵三平四　卒4平5

③ 前兵平五　将5平4

④ 炮四平六　卒5平4

⑤ 兵六进一　将4退1

⑥ 兵六进一

二、残局练习

第1题

和棋。

单车在士象均正的情况下，守住象眼或直接看护双象，可以守和双车，如在不损士象的前提下兑掉一车亦能不败。

① 车二平四　车7平6
② 车四平二　车6平7
③ 车五退一　车7平6
④ 车二进一　车6平7
⑤ 车五平四　车7平6
⑥ 车四平五　车6平7（和棋）

第2题

红胜。

① 车九平一　车7退4
② 车五进一　将6平5
③ 车一进五　车7平6
④ 车五平一　车6平7
⑤ 车一进二　车7平6
⑥ 前车平四　将5平6
⑦ 车一平五

至此形成单车巧胜士象全的残局，红方胜定。

三、残局拓展练习

第1题

① 炮一退六　马7进6
② 车四进四　车8平9
③ 车四平九　车4平3
④ 车九进三　象5退3
⑤ 车九退七　车9退3
⑥ 车九平六　将4平5
⑦ 兵七进一　车3进3
⑧ 帅五平六　车9进1
⑨ 帅六平五　士5进4
⑩ 帅五平六（和棋）

第2题

① 炮三平五　象3退1
② 炮五平七　车9进2
③ 炮七进三　象1退3
④ 车七退六　车9平1
⑤ 仕五退六　车8平5
⑥ 仕六进五（和棋）

四、中局练习

第1题

① 车二进二　将6进1
② 车二退一　将6退1

红方通过顿挫战术，把车运到下二路线，控制黑将。

③ 兵六平五　象3进5
④ 炮五进二

红方进炮打士，入局的巧手。

④ ……　　　士4进5
⑤ 车二平五　车2退4

黑车被迫回防。

⑥ 车五退一　炮1退1
⑦ 车五平三　将6平5
⑧ 车六进六

以后红方有马九进八的手段，红方胜势。

第2题

① 车二进五

红方得子的关键。

① ……　　将6进1

② 炮七退二　象7退5

黑方如改走前士退5，车二退一，红方得子。

③ 炮一退一　马7退6

④ 车二退三

红方退车叫杀。

④ ……　　将6退1

黑方如改走车7平6，车二平七，红方得子。

⑤ 车二平四　将6平5

⑥ 车四进四

红方得子大优。

五、布局练习

① 相三进五　炮2平4

② 车九进一　马2进3

③ 车九平六　马8进7

④ 马八进九　士6进5

⑤ 兵三进一　车1平2

⑥ 兵九进一　车2进4

⑦ 车六进三　车2平6

⑧ 马九进八　卒3进1

⑨ 马二进三　象7进5

⑩ 仕四进五　卒7进1

⑪ 车一平四　车9平6

⑫ 兵三进一　前车平7

六、记忆力练习

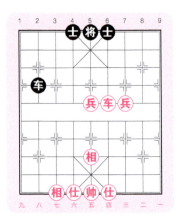

第28天

一、杀法练习

第1题

① 车三平五　将4平5
② 车二退一　将5进1
③ 车二退一　将5退1
④ 马六退四　将5退1
⑤ 马四进三　将5平4
⑥ 车二平六

第2题

① 兵六进一　将4退1
② 车四进六　车7平6
③ 兵六进一　将4平5
④ 炮二平五　象5退3
⑤ 车二平五　象3进5
⑥ 车五进四

第3题

① 车二进九　将6进1
② 炮五平四　士6退5
③ 兵五平四　士5进6
④ 兵四进一　将6平5
⑤ 马六进七　将5平4
⑥ 车二平六

二、残局练习

第1题

红胜。

① 相五退三　车6平7
② 车二进二　象9退7
③ 车二平四　象7进9
④ 车九平六　车7平8
⑤ 车四平六　将5平6
⑥ 车六进二　士5退4
⑦ 车六进三（红方胜定）

第2题

红胜。

① 车五平四　将6平5
② 车四进四　象7退5
③ 车八平五　车9退2
④ 车五平三　车9退2
⑤ 车三进一　象5进3
⑥ 车三平七　车9进4
⑦ 车四平五　士4进5
⑧ 车七进二（红方胜定）

三、残局拓展练习

第1题

① 车八平二　车4平7
② 车五平八　车7平5
③ 帅五平六　车5平4
④ 帅六平五　车4进3
⑤ 相三进一　车4退5
⑥ 车八平五　车4平3
⑦ 车二退一　车3进1
⑧ 车五平三

破象以后，红方胜定。

第2题

① 帅五平四　车7平9
② 车七平三　车9退4

③相五退三　车9平8

④仕五进六　车8平9

⑤帅四平五　车9平8

⑥车三平七　车8进4

⑦车四平五　士4进5

⑧车七进二（红方胜定）

四、中局练习

第1题

①马八退六　将5进1

②马六退四　将5退1

③车一平五　士6进5

④马四进三　将5平6

⑤炮一平四　马6退7

⑥车五退一　炮7退3

⑦车五平三　将6平5

黑炮必失。黑方如改走炮7平9，车三进三，将6进1，车三退一，红方吃炮。

⑧车三进二（红方大优）

第2题

①车九平六

红方平车准备马破双士，这是入局的佳着。

①……　马1退2

②马八进六　马2进3

③车六退二

红车退至兵林线可以保持车的灵活性。

③……　士5进4

④马五进六　车2退1

⑤马六进七　将4平5

⑥马七退六　将5进1

黑方如改走车2平4，车三进一，马3退2，车六平二，红方胜势。

⑦车三进一（红方大优）

五、布局练习

①相三进五　炮8平5

②马二进三　马8进7

③车一平二　车9平8

④马八进七　马2进1

⑤兵三进一　炮2平4

⑥车九平八　车1平2

⑦仕四进五　车2进4

⑧炮八平九　车2平4

⑨兵九进一　卒1进1

⑩炮九进三　车8进6

⑪车八进四　车8平7

⑫马三退四　车4平8

六、记忆力练习

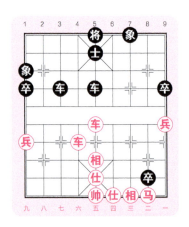

第29天

一、杀法练习

第1题

① 车二平四　将6平5
② 车四平五　将5平6
③ 马二进三　将6退1
④ 马三进五　将6进1
⑤ 车五平四　将6平5
⑥ 炮一平五

第2题

① 马三退二　将6平5
② 后炮进三　车1平5
③ 车四平一　士4退5
④ 兵七平六　将5平4
⑤ 车一进七　士5退6
⑥ 车一平四

第3题

① 马七退五　将6进1
② 马五进六　炮9平5
③ 马七退六　将6退1
④ 前马退八　炮5进1
⑤ 炮三平四　炮5平6
⑥ 马六进五

二、残局练习

第1题

红胜。

红方用车兑得一马双士或一马双象，形成必胜的形势。

① 车五平三　马8退9
② 车三进二　马9进8
③ 车三退一　马6进5
④ 车四进三　马8退6
⑤ 车三平二　马6退7
⑥ 车二进二　士5退6
⑦ 车四进二　士4进5
⑧ 车二平三（红胜）

第2题

红胜。

红方用车兑得一马双士或一马双象，形成必胜的形势。

① 车二进三　象9进7
② 车三平四　士5进6
③ 车二平三　将5进1
④ 车三退四　将5平6
⑤ 车三进三　将6退1
⑥ 车三平一　将6平1
⑦ 车三平六（红方胜定）

三、残局拓展练习

第1题

① 车七退二　马5退7
② 车五进二　马7退6
③ 车五平六　马6退8
④ 兵六进一　将5平4
⑤ 车六进一　马3进2

253

⑥车七进二　将4平5

⑦车六平八　马2退3

⑧车七平六　士5退4

⑨车六平二（红方胜定）

第2题

①炮四退二　马2进3

②帅五平四　车4退1

③炮四平二　象5退7

④炮二退二　马3退4

⑤炮二进二　象7退9

⑥炮二平六　车4进1

⑦车四退一　车3平6

⑧马五进四　车4平6

⑨帅四平五　车6退2（和棋）

四、中局练习

第1题

①车五平二

红方平车是扩先的好手段，只此一着。

①……　　车7平6

②马四进六　车6退2

③马六退五　车3平4

④马五进四

红方进马正确，如改走车二平六，车6平5，虽属红优，但是战线漫长。

④……　　车4平8

⑤马四进二　车8退4

⑥车八进七　将5平4

⑦车八退一　象5退3

⑧车八平六　士5进4

黑方如改走车8平4，车六进一，红方胜定。

⑨炮五平九（红方大优）

第2题

①炮八平一

红方平炮攻击黑方左翼空门，这是取势的好棋。

①……　　车5进4

②炮一进三　炮8退2

③炮四平五

红方平中炮牵制黑车，好棋。至此，黑方底炮和中车被红方双炮牵制。

③……　　炮8平7

④车三平八　马6进5

⑤车八进五　士5退4

⑥兵七平六

红方下一着必得子。

五、布局练习

①相三进五　炮8平5

②马二进三　马8进7

③车一平二　车9平8

④马八进七　卒7进1

⑤兵七进一　炮2平3

⑥马七进八　马7进6

⑦仕六进五　车8进6

⑧车九进一　马6进5

⑨ 炮二平一　车8进3

⑩ 马三退二　马5退6

⑪ 兵九进一　卒5进1

⑫ 马八进七　卒5进1

六、记忆力练习

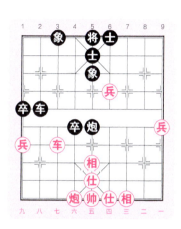

第 30 天

一、杀法练习

第 1 题

① 马四进六　士5进4

② 马六退八　士4退5

③ 后马进七　将4退1

④ 马七进八　将4平5

⑤ 前马退六　士5进4

⑥ 马八进六

第 2 题

① 炮九进二　象3进1

② 车八进五　象5退3

③ 前车平七　将5进1

④ 车七退一　将5退1

⑤ 车八进七　象1退3

⑥ 车八平七

第 3 题

① 炮八进七　马4进3

② 车七进一　将5平4

③ 车七进二　将4进1

④ 马六进八　炮4平3

⑤ 车七退一　将4退1

⑥ 马八进七

二、残局练习

第 1 题

红胜。

本例中，黑方马炮位置欠佳，无法

形成正和局面，红方可以巧胜。

① 车八平五　马5退3

② 车五退一　马3退4

③ 车五平六　马4进3

④ 相七进九

红方用相助攻，准备蹩马脚，是关键性着法之一。

④ ……　　马3退4

⑤ 车六进一　炮6进2

⑥ 帅六平五　炮6退2

⑦ 车六平四

黑方必失一象，红方胜定。

第2题

红胜。

① 车四进一　士5进6

② 车六进一　将5进1

③ 帅六平五　将5平6

④ 车六平一　马7进6

⑤ 车一退一　将6退1

⑥ 车一退二　马6进5

⑦ 车一平四　马5退3

⑧ 车四进一

由于黑马位置较差，黑方无法走成"马三象"的例和局面，红方胜定。

三、残局拓展练习

第1题

① 车二进四

红方弃车吃马，及时转换局面。

① ……　　前车进2

② 炮三退六

炮守底线是红方守和的关键。

② ……　　炮7进2

③ 车四退一　后车平6

④ 车四平三　象5进7

⑤ 兵九平八　象7退5

⑥ 兵八平七　象5进3

⑦ 炮三平四

红方阵形工整，已经具备守和双车的能力。

⑦ ……　　车6进6

⑧ 兵七进一　象3退1

⑨ 马九退七　士5进6

⑩ 马七进九（和棋）

第2题

① 马九退七　车1进3

② 车三进二　象5进7

③ 马七进六　车1平3

④ 马六退四　象3进5

⑤ 兵九平八　车2退1

⑥ 炮四进一　车2进5

⑦ 炮四退一（和棋）

四、中局练习

第1题

① 车八进五　炮9平5

② 仕四进五　车3平8

③ 车八平五

红方抢先叫将，迫使黑方兑车回防。

③ ……　　车8平5

④ 车五平六　车 5 平 8
⑤ 车六进四　将 5 进 1
⑥ 车六平四

红车吃底士的同时，解除危机。

⑥ ……　　　马 1 进 2
⑦ 炮一平三

红方平三路炮是稳健的选择，黑方选择兑车后，红方可在黑方马 7 进 8 时走炮三退五协防。

⑦ ……　　　车 8 进 7
⑧ 车四退九　车 8 平 6
⑨ 帅五平四　象 3 进 5
⑩ 炮三平五

黑方缺少双士的防守，红方占优。

第 2 题

① 兵七平六

红方如改走兵七进一，炮 3 平 2，兵七进一，马 5 退 3，兵七平八，马 3 退 2，马四进三，将 5 平 4，兵八进一，士 5 进 6，战线漫长。

① ……　　　马 5 进 4
② 兵六进一　炮 3 平 2
③ 兵六进一　士 5 进 6
④ 马四退六　士 6 进 5
⑤ 马六进七　炮 2 平 3
⑥ 兵六平七

吃炮以后，红兵在黑方下二路线，显然要比底兵的位置好得多。

⑥ ……　　　将 5 平 6

⑦ 兵七平六（红方大优）

五、布局练习

① 相三进五　炮 8 平 5
② 马八进七　马 8 进 7
③ 炮二平四　车 9 平 8
④ 马二进三　卒 3 进 1
⑤ 仕四进五　卒 7 进 1
⑥ 炮八平九　炮 2 平 4
⑦ 车九平八　马 2 进 3
⑧ 车八进六　车 1 平 2
⑨ 车八平七　象 3 进 1
⑩ 兵七进一　车 2 进 4
⑪ 车一平四　士 4 进 5
⑫ 兵七进一　车 2 平 3

六、记忆力练习

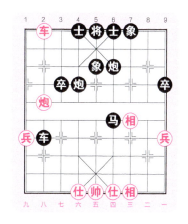

好书推荐

象棋入门实战技巧100则

象棋入门与提高系列

象棋连将杀进阶练习300题

象棋记谱本